高等学校经济管理类实践系列教材

ERP 沙盘模拟实训

主　编　张　晴　李　红　冯荣荣
副主编　杜　丹　游　玲　马　婵

西安电子科技大学出版社

本书采用沙盘(物理沙盘和电子沙盘)模拟教学模式,通过建立ERP沙盘模拟经营平台,并模拟推演企业经营活动的全过程,使学生领悟企业的管理规律,提升企业经营管理的实践能力。全书分八个项目:项目一和项目二主要介绍ERP及ERP沙盘模拟的基本情况;项目三至项目五主要介绍ERP沙盘模拟实训准备、ERP沙盘模拟经营规则、企业模拟运营实践;项目六至项目八主要介绍企业模拟运营管理分析、ERP沙盘模拟实战分析和总结与反思。

本书内容通俗易懂,结构合理,实用性强,可作为高等院校经济管理类相关专业沙盘模拟企业经营的实训教材,也可作为ERP沙盘模拟爱好者的参考用书。

图书在版编目 (CIP) 数据

ERP沙盘模拟实训 / 张晴,李红,冯荣荣主编 . —西安:西安电子科技大学出版社,2022.8(2025.7 重印)
ISBN 978-7-5606-6607-5

Ⅰ.①E··· Ⅱ.①张··· ②李··· ③冯··· Ⅲ.①企业管理—计算机管理系统—高等学校—教材 Ⅳ.①F272.7

中国版本图书馆 CIP 数据核字 (2022) 第 143155 号

策   划   刘玉芳 刘统军
责任编辑   刘玉芳
出版发行   西安电子科技大学出版社 (西安市太白南路 2 号)
电   话   (029)88202421 88201467   邮   编   710071
网   址   www.xduph.com   电子邮箱   xdupfxb001@163.com
经   销   新华书店
印刷单位   陕西天意印务有限责任公司
版   次   2022 年 8 月第 1 版   2025 年 7 月第 3 次印刷
开   本   787 毫米 ×1092 毫米   1/16 印张 13
字   数   307 千字
定   价   37.00 元

ISBN 978-7-5606-6607-5 / F
XDUP 6909001-3
*** 如有印装问题可调换 ***

前言

　　ERP沙盘模拟实训课程是一门体验式的互动学习课程。与一般的以理论和案例为主的管理课程不同，ERP沙盘模拟实训课程涉及整体战略、产品研发、设备投资改造、生产能力规划、物料需求计划、资金需求计划、市场与销售、财务经济指标分析、团队沟通与建设等多方面的内容，并将企业结构和管理操作全部展示在模拟沙盘上，每位学生都能直接参与模拟企业的运作，体验复杂、抽象的经营管理理论。沙盘模拟课程有如下特点：体验式教学，改变传统的人才培养模式；教学内容综合化，促使学生全面灵活运用所学知识；教学主体多元化，培养学生的团队协作精神；教学方法多元化，调动学生的学习积极性，激发其学习潜能；设置"游戏规则"，培养学生"诚信经营"的理念；设置职业岗位，引起学生对职业定位的思考。

　　本书由理论和实训操作两个部分组成。理论部分主要包括ERP沙盘模拟介绍、ERP沙盘模拟分解、模拟实训企业介绍等内容。实训操作部分主要涉及企业运营过程记录表及财务报表、竞标投入单、公司贷款申请表、生产计划及采购计划单、实训报告样本等。本书系统性强，实用性强，章节结构设置合理，让学生在了解理论知识的基础上，能够掌握、理解与运用知识。本书不仅方便教师和学生学习沙盘模拟企业经营管理理念，同时兼顾教师授课与指导比赛，还可以作为沙盘授课培训老师的参考资料，是一本沙盘模拟企业经营实训的操作指南。

　　本书由张晴、李红、冯荣荣担任主编，由杜丹、游玲、马婵担任副主编。各项目的具体编写分工如下：杜丹编写项目一，游玲编写项目二，冯荣荣编写项目三，李红编写项目四和项目五，张晴编写项目六和项目七，马婵编写项目八。全书由张晴总纂定稿。

　　在编写过程中，我们参考了大量的文献资料，在此，我们向这些文献的作者表示诚挚的谢意。

　　由于编者水平有限，书中难免存在疏漏和不当之处，敬请广大读者批评指正。

编　者

2022年6月

目 录 >>>>>

项目一 认识 ERP 沙盘模拟

 学习目标

(1) 了解 ERP 的概念及特点。

(2) 掌握 ERP 的功能。

(3) 了解 ERP 在我国的发展阶段。

(4) 掌握 ERP 的实施流程。

 案例导读

生活中的 ERP

一天中午，丈夫在外给家里打电话："亲爱的老婆，晚上我带几个同事回家吃饭可以吗？"（订货意向）

妻子："当然可以，来几个人，几点来，想吃什么菜？"

丈夫："6 个人，我们 7 点左右回来，准备些酒、烤鸭、番茄炒蛋、凉菜、蛋花汤，你看可以吗？"（商务沟通）

妻子："没问题，我会准备好的。"（订单确认）

妻子记录需要的菜单 (MPS 计划)，具体要准备的东西：鸭、酒、番茄、鸡蛋、调料……(BOM 物料清单)，发现需要：1 只鸭，5 瓶酒，4 个番茄 (BOM 展开)，炒蛋需要 6 个鸡蛋，蛋花汤需要 4 个鸡蛋（共用物料）。打开冰箱一看（库房），只剩下 2 个鸡蛋（缺料）。

来到自由市场，妻子："请问鸡蛋怎么卖？"（采购询价）

小贩："1 个 1 元，半打 5 元，1 打 9.5 元。"

妻子："我只需要 8 个，但这次买 1 打。"（经济批量采购）

妻子："这有一个坏的，换一个。"（验收、退料、换料）

回到家中，准备洗菜、切菜、炒菜……（工艺线路），厨房中有燃气灶、微波炉、电饭煲（工作中心）。妻子发现拔鸭毛最费时间（瓶颈工序，关键工艺路线），用微波炉自己做烤鸭可能来不及（产能不足），于是在楼下的餐厅里买现成的烤鸭（产品委托外包）。

下午 4 点，接到儿子的电话："妈妈，晚上几个同学想来家里吃饭，你帮忙准备一

下。"（紧急订单）

"好的，你们想吃什么，爸爸晚上也有客人，你愿意和他们一起吃吗？"

"菜你看着办吧，但一定要有番茄炒蛋，我们不和大人一起吃，6:30 左右回来。"（不能并单处理）

"好的，肯定让你们满意。"（订单确定）

"鸡蛋又不够了，打电话叫小贩送来。"（紧急采购）

6:30，一切准备就绪，可烤鸭还没送来，急忙打电话询问："我是李太太，怎么订的烤鸭还不送来？"（采购委托外单跟踪）

"不好意思，送货的人已经走了，可能马上就会到。"

门铃响了。"李太太，这是您要的烤鸭。请在单上签一下字。"（验收、入库、转应付账款）

6:45，女儿的电话："妈妈，我想现在带几个朋友回家吃饭可以吗？"（紧急订购意向，要求现货）

"不行呀，女儿，今天妈妈已经需要准备两桌饭了，时间实在是来不及，真的非常抱歉，下次早点说，一定给你们准备好。"（这就是 ERP 的使用局限，需要有稳定的外部环境，要有一个起码的提前期）

送走了所有客人，疲惫的妻子坐在沙发上对丈夫说："亲爱的，现在咱们家请客的频率非常高，应该要买些厨房用品了（设备采购），最好能再雇个小保姆。"（人力资源系统）

丈夫："家里你做主，需要什么你就去办吧。"（通过审核）

妻子："还有，最近家里花销太大，用你的私房钱来补贴一下，好吗？"（最后就是应收货款的催要）

通过这个小故事，相信大家一定对 ERP 有了初步了解，生活中的每件事情都是 ERP 流程中的一种体现，也就是一种标准的流程。

案例思考：

ERP 有哪些优势？它的作用是什么？

任务一　认 识 沙 盘

"沙盘"一词起源于战争模拟推演，在古代是将帅用于指挥战争的工具。当时的沙盘是根据地形图或实际地形，按照一定的比例尺，利用泥沙等多种材料堆制而成的模型，用来模拟战场的地形、装备以及敌我双方兵力的部署情况，通过推演模拟双方在战场上排兵布阵的对抗与较量，发现对方战略战术上的弱点，从而制定有效的作战方案。我国是最早利用兵棋沙盘开展对抗演练战法的国家。据《后汉书·马援列传》记载，公元 32 年，汉光武帝征讨陇西的隗嚣，召名将马援商讨进军战略。马援对陇西一带的地理情况很熟悉，就用米堆成一个与实地地形相似的模型，从地形地势上做了详尽的战术分析。光武帝看后，高兴地说："虏在吾目中矣！"（即"敌人尽在我眼中了！"）这可以说是最早的军事沙盘了。1811 年，普鲁士国王腓特烈·威廉三世的文职军事顾问冯·莱斯维茨，用胶泥制作了一个比例为 1:2373 的精巧的战场模型，并用颜色把道路、河流、村庄和树林标记出来，用小瓷块代表军队和武器，陈列在波茨坦皇宫里，用来进行军事游戏，并且请本国的高级官员和来访的外国贵宾观摩。后来，莱斯维茨的儿子又拓展了这项工作，把作战经验和军事行动的时间引入这种军事游戏中。他利用沙盘、地图表示地形地貌，以标识器表示军队和武器的配置情况，按照实战方式进行策略谋划，在相隔的两个作战室中表演出营团一级的战斗情况，从而把这种军事对阵的游戏发展成为具有军事用途的活动，即最初的"战争博弈"，这就是现代军事沙盘的雏形。19 世纪末和 20 世纪初，沙盘主要用于军事训练，第一次世界大战后，才在其他领域中得到运用。用于军事的沙盘如图 1-1 所示。

图 1-1　军事沙盘

瑞典皇家工学院的科拉斯·梅兰 (Klas Mellan) 开发出了一种用于企业经营决策的沙盘，此后沙盘模拟便迅速风靡全球，成了一种盛行的体验式学习方式。沙盘模拟主要是运用独特直观的教具，融入市场变数，结合角色扮演、情景模拟、教师点评等环节，使受训学生在虚拟的市场竞争环境中真实地体验企业数年的经营管理过程。目前，沙盘模拟，特别是 ERP 沙盘模拟已经得到广泛的推广。20 世纪 80 年代初期，沙盘模拟被引入我国，率先在企业的中高层管理者培训中使用并快速发展。21 世纪初，用友、金蝶等软件公司相继开发出了 ERP 沙盘模拟演练的教学版，并将其逐步推广到国内高等院校的实验教学过程中。商业沙盘见图 1-2。

图 1-2　商业沙盘

任务二　ERP　简　介

一、ERP 的概念及特点

（一）ERP 的概念

ERP(Enterprise Resource Planning，企业资源计划)，是 1990 年由美国著名咨询公司 Garther Group 在 MRPII(Manufacturing Resource Planning，制造资源计划) 的基础上提出的一种新型企业管理模式。

企业资源计划的实质就是如何在资源有限的情况下，对企业的生产经营活动进行事先计划、事中控制和事后反馈，从而达到合理利用企业资源、提升企业应变能力、增强企业市场竞争力和实现企业经济效益最大化的目的。

ERP 概念有 3 个层次 (见图 1-3)，分别是：ERP 管理思想、ERP 软件产品和 ERP 管理系统。综合来说，ERP 是指建立在信息技术基础上的，通过一些先进管理思想和方法，对企业内部资源和企业相关的外部资源进行整合，通过标准化的数据和业务操作流程，把企业的人、财、物、产、供、销及相应的物流、信息流、资金流紧密集成，最终实现资源优化配置和业务流程优化的目的，并为企业各级管理人员提供有效、科学的决策支持的管理平台。

图 1-3　ERP 的概念层次

（二）ERP 的特点

ERP 是目前企业在信息化社会、知识经济时代繁荣发展的核心管理模式。它的供应链管理思想对企业提出了更高的要求，可以帮助企业有效利用全社会供应链上的一切资源来快速高效地响应市场需求的变化。ERP 的主要特点包括以下几个方面：

(1) 能够帮助企业准确把握市场。

(2) 具有提供重构方案的能力。

(3) 具有丰富的企业产品数据管理能力。

(4) 具有强大的企业财务管理能力，能合理调配企业资源。

(5) 充分考虑了企业中的人力因素。

(6) 具有灵活的管理模式。

(7) 采用最新的计算机技术。

二、ERP 的发展历程

ERP 是一个庞大的信息管理系统，要明白 ERP 的原理，首先要熟悉 ERP 产生与发展的五个主要阶段。

（一）订货点法

20 世纪 30 年代，在计算机出现之前，库存管理发出生产订单的主要依据是生产车间反馈的缺料表。缺料表上所列的是生产车间生产过程中马上需要但是没有库存的物料。通过缺料表，库存管理人员进行发出新订单和催货的业务操作。显而易见，这种物料采购模式没有任何预见性和前瞻性，因此在企业的实际生产过程中，停工待料的现象时常发生。为了改变这种被动的状况，有人提出了一种新的库存管理方法——订货点法。订货点法是按过去的经验预测物料的需求，并进行相应提前订货以避免缺货现象发生的一种方法，如图 1-4 所示。订货点法需要确定两个参数：订货点数量和订货批量。

订货点数量 = 单位时间的需求量 × 订货提前期 + 安全库存量

订货批量 = 最大库存量 − (订货点数量 − 单位时间的需求量 × 订货提前期)

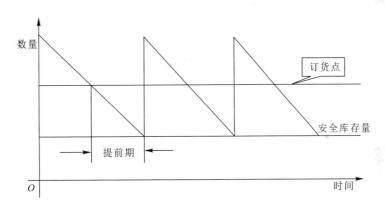

图 1-4　订货点法

例如：假定某企业某项物料最大库存为 500 件，需求量为 50 件 / 周，且消费均衡，订货提前期为 4 周，并保持 100 件的安全库存量。那么，该项物料的订货点数量为 50 × 4 + 100 = 300 件，订货批量 = 500 − (300 − 50 × 4) = 400 件，即若该项物料从最大库存 500 件开始消耗，当库存量降低到 300 件时，企业就需要开始订货，此次订货的批量为 400 件。

订货点法主要根据历史记录或经验来推测未来的需求，适用于需求或消耗量比较稳定的物料。对于需求量随时间变化的物料，由于订货点会随消耗速度的变化而变化，因此并不适用。

（二）时段式 MRP

20 世纪 60 年代，随着计算机系统的发展，人们可以对大量数据进行复杂运算。为弥补订货点法的缺陷，人们提出了一种库存订货计划——物料需求计划 (Material

Requirement Planning，MRP)，并将其称为时段式 MRP 或基本 MRP 阶段，如图 1-5 所示。

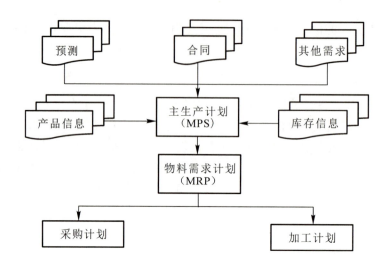

图 1-5　时段式 MRP 逻辑流程

MRP 系统最主要的目标是确定每项物料在每个时段的需求量，以便为正确地进行生产库存管理提供必要的信息。MRP 系统假设：物料清单 (BOM) 和库存记录文件的数据完整性是有保证的；所有物料的订货提前期是已知的，至少是可以估算的；所有受其控制的物料都要经过库存登记；在计算物料需求时间时，假定用于构成某个项目下的所有子项目都必须在下达项目的订货时到齐；每项物料的消耗都是间断的。因此，MRP 与订货点法的不同点是：① 通过产品结构将所有物料的需求联系起来；② 将物料需求区分为独立需求和非独立需求并加以处理；③ 对物料的库存状态数据引入了时间分段的概念。

MRP 把所有物料按需求性质区分为独立需求项目和非独立需求项目。原材料、零件、组件等都是非独立需求项目，而最终产品则是独立需求项目。独立需求项目有时也包括维修件、可选件和工厂自用件。独立需求项目的需求时间通常由预测和客户订单、厂际订单等外在因素决定，非独立需求项目的需求量和需求时间则由 MRP 系统来决定。MRP 通过产品结构把所有物料的需求联系起来，考虑不同物料需求之间的相互匹配关系，从而使各种物料的库存在数量和时间上趋于合理。时段式 MRP 把所有的库存数据都与具体时间联系起来，能轻松解决何时订货的问题。

（三）　闭环 MRP

20 世纪 70 年代，随着人们对科学管理认识的加深及计算机系统的进一步普及，MRP 的理论范畴也得到扩展。人们在原本的 MRP 基础上，把生产能力作业计划、车间作业计划和采购作业计划纳入 MRP 中，同时在计划执行过程中加入了来自车间、供应商和计划人员的反馈信息，并利用这些信息进行计划的平衡调整，从而围绕物料需求计划使生产的全过程形成一个统一的闭环系统，这就产生并发展了一种新的生产计划与控制系统——闭环 MRP(Closed-loop MRP)。闭环 MRP 将物料需求按周甚至按天进行分解，使 MRP 成为一个实际的计划系统和工具。闭环 MRP 是一个集计划、执行、反馈于一体的综合性系统，它能对生产中的人力、机器和材料等资源进行计划与控制，使生产管理的应变能力得到加强，这样就实现了采购、库存、生产、销售的协调管理。所以闭环 MRP 不仅仅是一个订货系统，其逻辑流程如图 1-6 所示。

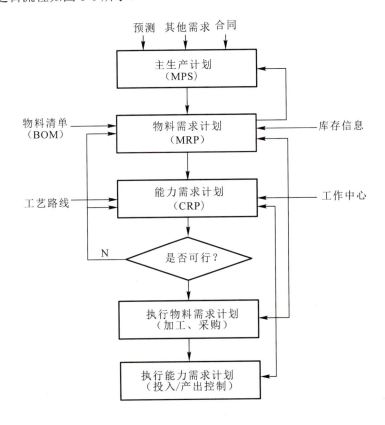

图 1-6　闭环 MRP 的逻辑流程

在这期间，还出现了看板管理、全面质量管理 (Total Quality Management，TQM)、准时制 (Just-In-Time，JIT) 等先进管理方法，以及数控机床等先进生产技术。

（四）　MRP Ⅱ

闭环 MRP 系统的出现，使生产活动方面的各种子系统得到了统一。但这还不够，因为在企业的管理中，生产管理只是一个方面，所涉及的仅仅是物流，而与物流密切相关的还有资金流。资金流在许多企业中是由财会人员另行管理的，这就造成了数据的重复录入与存储，甚至造成数据的不一致。20 世纪 80 年代，随着计算机网络技术的发展，企业内部信息得到充分共享，MRP 的各子系统也得到了统一。人们把生产、财务、销售、工程技术、采购等各子系统集成为一个一体化的系统，形成了一个集采购、库存、生产、销售、财务、工程技术等为一体的子系统，并称之为制造资源计划 (Manufacturing Resource Planning)。其英文缩写还是 MRP，为避免混淆，将其记为 MRP Ⅱ。其逻辑流程如图 1-7 所示。

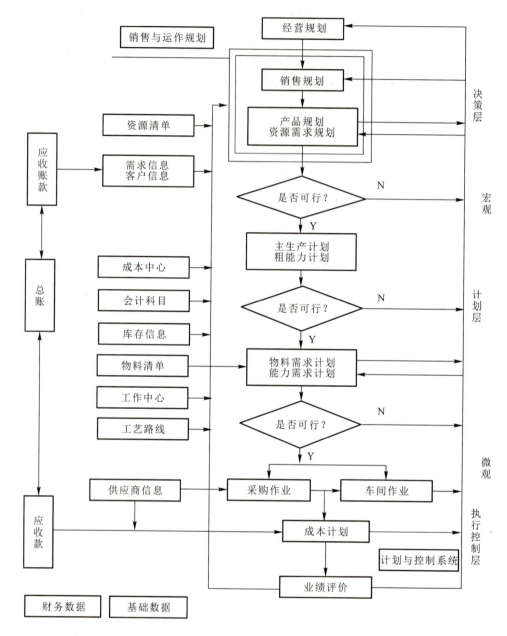

图 1-7　MRP Ⅱ 逻辑流程

　　MRP Ⅱ的基本思想就是把企业作为一个有机整体,从整体最优的角度出发,通过运用科学的方法对企业各种制造资源和产、供、销、财各个环节进行有效的计划、组织和控制,使之得以协调发展,并充分发挥作用。

（五）　ERP

　　进入 20 世纪 90 年代,由于经济全球化和市场国际化的发展趋势,制造业面临的竞争更加激烈。以客户为中心,面向整个供应链成为新形势下企业发展的思想被提出,MRP Ⅱ开始正式进入 ERP 时代。ERP 的核心思想是供应链管理。它扩展了 MRP 的功能,跳出了传统企业边界，从供应链出发管理企业的资源，优化企业的运行模式，反映了市场对企业合理调配资源的要求。它对于改善企业业务流程、提高企业核心竞争力具有显著作用。其逻辑流程如图 1-8 所示。

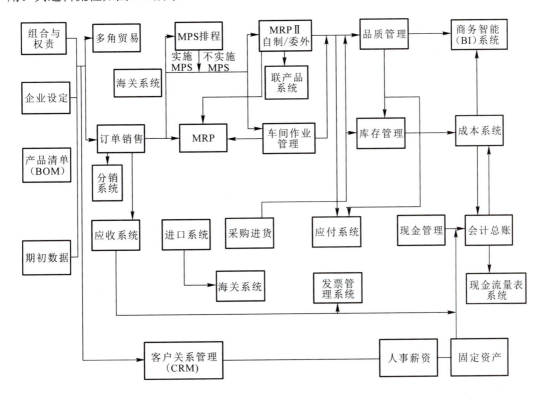

图 1-8　ERP 逻辑流程

ERP 是一种可以提供跨地区、跨部门甚至跨企业整合实时信息的企业管理信息系统。ERP 不仅仅是一个软件，更重要的是一种管理思想，它实现了企业内部资源与企业相关的外部资源的整合，通过软件把企业的人、财、物、产、供、销及相应的物流、信息流、资金流、管理流、增值流等紧密地集成起来，实现资源优化和共享。

三、ERP 在我国的发展

自从 1981 年沈阳第一机床厂从德国工程师协会引进了第一套 MRP II 软件以来，MRP II /ERP 在我国得到了越来越多的应用与推广。回顾我国 MRP II /ERP 的应用和发展过程，大致可划分为四个阶段。

（一）　启动期

启动期阶段主要是在 20 世纪 80 年代，其主要特点是立足于 MRP II 的引进、实施及部分应用。其应用范围局限在传统的机械制造业内 (多为机床制造、汽车制造等行业)，如沈阳第一机床厂、沈阳鼓风机厂、北京第一机床厂、第一汽车制造厂、广州标致汽车公司等。由于受多种障碍的制约，应用的效果有限，企业所得到的效益与巨大的投资完全不相符，因而被人们总结为"三个三分之一"，即引进的系统三分之一可用，三分之一修改后可用，三分之一不可用。

（二）成长期

成长期阶段大致是 1990—1996 年。随着改革开放的不断深化，我国的经济体制从计划经济向市场经济转变，产品市场形势发生了显著的变化。这对传统管理方式提出了严峻的挑战。该阶段涉及的领域已经突破了机械行业，扩展到航天航空、电子与家电、制药、化工等行业。其主要特征是 MRP Ⅱ /ERP 在我国的应用与推广取得了较好的成绩。北京第一机床厂、沈阳机床厂、沈阳鼓风机厂等老牌 MRP Ⅱ 用户在启动了国家高技术研究发展计划 (863 计划) 的计算机集成制造系统 (Computer Integrated Manufacturing System，CIMS) 重点工程后，都先后获得了可喜的收益。例如，北京第一机床厂的管理信息系统实现了以生产管理为核心，连接物料供应、生产、计划、财务等各个职能部门，可以迅速根据市场变化调整计划、平衡能力，效率提高了 30 多倍。总之，大多数的 MRP Ⅱ 用户在应用系统之后都获得了或多或少的收益，这是不容否认的事实。因此，该阶段也被人们称为"三个三分之一休矣"阶段。

（三）成熟期

成熟期阶段是从 1997 年开始到 21 世纪初。其主要特点是：ERP 被引入并成为主角；应用范围从制造业扩展到第二、第三产业；由于不断的实践探索，应用效果也得到了显著提高，因而进入了 ERP 应用的成熟阶段。

第三产业的充分发展正是现代经济发展的显著标志。金融业早已成为现代经济的核心，信息产业日益成为现代经济的主导，这些都在客观上要求有一个具有多种解决方案的新型管理软件来与之相适应。ERP 就成了该阶段的主角，并把触角伸向各个行业，特别是第三产业中的金融业、通信业、高科技产业、零售业等，大大扩展了 ERP 的应用范围。

（四）普及期

2005 年以来，随着市场经济的发展，我国企业面临着越来越激烈的竞争环境，以 ERP 为工具的现代化管理浪潮正席卷而来。它可为企业提供投资管理、风险分析、跨国跨地区的集团型企业信息集成、获利分析、销售分析、市场预测、决策信息分析、促销与分销、售后服务与维护、全面质量管理、运输管理、人力资源管理、项目管理以及利用互联网实现电子商务等 MRP Ⅱ 所不具备的功能。企业能利用这些工具来扩大经营管理范围，紧跟瞬息万变的市场动态，参与国际大市场的竞争，获得丰厚的回报。正在融入全球供应链的中国企业需要 ERP，中国企业国际竞争力的形成也需要 ERP。因此，ERP 在我国已经进入了一个快速发展和普及的阶段。

任务三 ERP 的 功 能

目前生产企业使用的 ERP 的功能主要包括四个部分，即财务管理模块、物流管理模块、生产管理模块和人力资源管理模块。

一、财务管理模块

在 ERP 中，财务管理模块是企业各项活动资金流的归集中心，是企业运营效果和效率的综合表现，因此它是 ERP 系统的核心管理模块之一。一般 ERP 软件中的财务管理模块主要分为会计核算与财务管理两个子模块。

（一） 会计核算

会计核算主要是指记录、核算、反映和分析资金在企业经济活动中的变动过程及其结果，它由总账、应收账、应付账、现金管理、固定资产核算、多币制、工资核算、成本等模块构成。ERP 中会计核算各模块的对应功能如表 1-1 所示。

表 1-1 ERP 中会计核算各模块的对应功能

模 块 名 称	对 应 功 能
总账模块	输入、登记记账凭证，输出日记账、一般明细账及总分类账，编制主要会计报表
应收账模块	发票管理、客户管理、付款管理、账龄分析等，与客户订单、发票处理业务相联系，同时将各项业务自动生成记账凭证，导入总账
应付账模块	发票管理、供应商管理、支票管理、账龄分析等
现金管理模块	主要是对现金流入、流出的控制及零用现金、银行存款的核算，包括对现金、支票、汇票和银行存款的管理
固定资产核算模块	登录固定资产卡片和明细账、计算折旧、编制报表及自动编制转账凭证，并转入总账
多币制模块	主要负责外币业务的结算
工资核算模块	进行企业员工的工资结算、分配、核算及各项相关经费的计提
成本模块	依据产品结构、工作中心、工序、采购等信息进行产品成本计算

（二） 财务管理

财务管理的功能主要是基于会计核算的数据，对其加以分析，从而进行相应的预测、管理和控制活动。财务管理侧重于财务计划、财务分析和财务决策。

(1) 财务计划：根据前期财务分析作出下期的财务计划、预算等。

(2) 财务分析：通过用户定义的差异数据的图形显示和查询功能，对企业进行财务绩效评估、账户分析等。

(3) 财务决策：财务管理的核心部分，主要内容是作出有关资金的决策，包括资金的筹集、投放及管理。

二、物流管理模块

物流管理是指根据物资流动的规律，运用管理原理与科学方法，促进物资在空间和时间上的高效率、高效益流动而进行的计划、协调和控制等管理活动。ERP 中的物流管理模块主要由三个部分组成，即分销管理、库存管理和采购管理。

（一） 分销管理

分销管理主要包括客户信息管理、销售订单管理、销售统计与分析。它主要通过客户信用审核及查询为企业建立客户信息档案，并对其进行分类管理，同时进行有针对性的客户服务，达到最高效率地保留老客户、争取新客户的目标。分销管理根据销售订单的执行情况，依据各种指标对销售信息进行统计，生成统计报表，企业根据统计报表对实际销售效果进行分析评价。

（二） 库存管理

库存管理是企业物料管理的核心，是指企业为了生产、销售等经营管理需要而对计划存储、流通的有关物品进行相应的管理，主要包括以下三方面的内容：

(1) 企业根据物料的实际需要设置仓库的属性，建立仓库档案。

(2) 对企业的物料进行日常管理，如到货管理、入库管理、出库管理、盘点管理和调拨管理等。

(3) 从各个角度分析库存物料信息，并依据分析结果制定库存策略，同时也为其他部门提供库存信息参考。

（三） 采购管理

采购管理是指对采购过程中物流运动的各个环节状态进行严密的跟踪、监督，实现对企业采购活动执行过程的科学管理。其主要功能包括基础数据管理、供应商管理和采购订单管理。

三、生产管理模块

生产管理模块是 ERP 系统的主要功能之一，它将企业的整个生产过程有机地结合起来，使企业能够有效地降低库存、提高效率，同时使原本分散的生产环节自动连接，使生产流程得以连贯顺畅地进行，而不会出现生产脱节、延误产品交货时间的现象。

生产管理是一个以计划为先导的生产管理方法。企业首先确定生产计划，再经过系统层层细分之后，下达到各部门执行，生产部门和采购部门分别据此生产和采购相关物品。生产管理模块的具体功能包括以下五个方面。

（一） 主生产计划

主生产计划 (Master Production Schedule，MPS) 是确定每个具体的产品在具体时间段的生产计划，并根据生产计划、经验预测和客户订单来安排各周期中提供产品的种类和数量。主生产计划在 ERP 中起着承上启下的作用，它是企业在一段时期内生产活动的安排，是一个稳定的计划。

（二） 物料需求计划

物料需求计划 (Material Requirement Planning，MRP) 是根据主生产计划、物料清单、工艺路线及库存等信息，将最终产品分解为各个零部件的生产计划和原材料采购计划的过程。

（三） 能力需求计划

能力需求计划 (Capacity Requirements Planning，CRP) 是在得出初步的 MRP 之后，将

所有工作中心的总工作负荷与工作中心的能力平衡后产生的详细工作计划，以确保生成的MRP是企业生产能力上切实可行的需求计划。CRP是一种短期的、当前实际可行的计划。

（四）车间控制

车间控制是随时间变化的动态作业计划，它将作业分配到各个具体车间，再进行作业排序、作业管理和作业监控。

（五）制造标准

制造标准主要来源于企业在编制计划过程中所需的生产制造方面的信息，主要包括零件、产品结构、工序和工作中心，这些信息都是用唯一的代码在计算机中标识的。

四、人力资源管理模块

近年来，企业内部的人力资源越来越受到企业的关注，被视为企业的资源之本。在这种情况下，人力资源管理作为一个独立的模块，被加入ERP系统中，和财务与生产管理模块组成一个高效的、具有高度集成性的企业资源系统。人力资源管理模块与传统方式下的人事管理有着本质的不同，主要包括以下五个方面的功能。

（一）人力资源规划的辅助决策功能

人力资源规划的辅助决策功能主要包括以下三方面的内容：

(1) 编制企业的组织结构和人员结构规划方案，并进行模拟比较和评估，得出各种方案的结果数据。同时，通过直观的图形用户界面，为管理者最终决策提供辅助支持。

(2) 制定职务模型，包括职位要求、升迁路径和培训计划等。人力资源规划的辅助决策系统根据担任该职位员工的资格和条件，提出针对该员工的一系列培训建议，一旦机构改组或职位变动，系统会提出一系列的职位变动或升迁建议，为管理者最终决策提供参考。

(3) 人力资源规划的辅助决策可以对过去、现在、将来的人员成本做出分析及预测，并通过ERP集成环境为企业成本分析提供依据，辅助管理者作出最终决策。

（二）招聘管理

招聘管理系统通过优化企业的招聘过程，不仅可以减少工作人员的业务工作量，而且还可以对招聘所花费的成本进行科学管理，从而降低招聘成本，在开展招聘工作的同时为招聘岗位提供辅助信息，并有效地帮助企业进行人才资源的挖掘。

（三）工资核算

工资核算系统不仅可以根据公司跨地区、跨部门、跨工种的不同薪资结构及处理流程制定与之相适应的薪资核算方法，而且还可以与时间管理直接集成，能够及时更新，使员工的薪资核算动态化，同时它还具有回算功能，通过和其他模块的集成，自动根据要求调整薪资结构及数据。

（四）工时管理

工时管理系统不仅可以根据本国或当地的日历，安排企业的运作时间及劳动力的作息

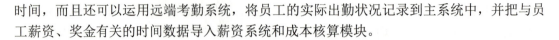

时间，而且还可以运用远端考勤系统，将员工的实际出勤状况记录到主系统中，并把与员工薪资、奖金有关的时间数据导入薪资系统和成本核算模块。

（五） 差旅费核算

差旅费核算系统可以自动控制从差旅申请、差旅批准到差旅报销的整个流程，并且通过集成环境将核算数据导入财务成本核算模块。

 课堂讨论

请同学们讨论一下，随着信息技术时代的发展，未来 ERP 的功能还会增加吗？如果会，基于当前企业发展的趋势，ERP 会出现哪些更人性化、更智能化的功能呢？

任务四　ERP的实施流程

一、ERP 的实施

ERP 系统在企业的具体实施过程中，需要根据企业的业务流程和管理做出相应的调整。但总的来说，ERP 的实施流程有以下几个步骤。

（一） 初次调研

初次调研使 ERP 软件提供商的实施顾问人员能够对企业各个部门的业务流程有初步的了解，收集各个部门业务流程的所有单据及对各个部门人员的分析，了解他们对 ERP 的认识和期望，以便制订工作计划。

（二） 系统培训

系统培训使企业所有人员认识 ERP，了解在企业中应用 ERP 系统给企业带来的效益，掌握 ERP 软件各个系统的功能。

（三） 流程拟定

流程拟定的主要目的是根据实施顾问人员对企业的了解，以及对企业所在行业累积的经验，结合 ERP 系统拟定一个符合企业需求的业务流程，并在 ERP 系统中得到合理的体现。这是一个非常重要的阶段，一个企业的管理能否通过 ERP 得到提升、流程能否更完善，关键取决于流程拟定。

（四） 编码原则制定

制定编码原则是指企业在实施顾问人员的指导下，制定企业应用 ERP 的基本原则，包括物料的编码原则，供应商、客户的编码原则，产品结构 (包括物料清单架阶) 的分阶建立等。

（五） 资料收集

资料收集使企业人员在熟悉了各项编码原则的基础上，收集企业应用 ERP 管理所需要的基本资料，包括物料、供应商、客户、部门和人员等。

（六）流程测试

流程测试使用企业实际的业务流程来测试 ERP 系统的功能完善性和操作的方便性，从而验证流程的合理性。

（七）期初导入

期初导入的主要目的是收集 ERP 系统上线的期初数据，并在实施顾问人员的指导下录入 ERP 系统，为企业正式应用 ERP 系统奠定坚实的基础。

（八）上线辅导

上线辅导使企业的实际业务数据在 ERP 系统中进行处理，一般在系统上线的前两个月内，要遵循必要的模式，以防企业人员在上线期初操作不熟练而造成失误。

（九）月结辅导

月结辅导是指在应用系统的一个自然月后，通过 ERP 系统得出企业管理所需的各种报表，并检验其完善性和数据的准确性。

在 ERP 实施的过程中，以培训全面贯穿整个实施过程，不仅体现了 ERP 实施较高的附加值，而且实现了 ERP 实施过程中的知识转移。ERP 实施的过程实质就是知识转移的过程，其中包含企业的管理诊断、实施战略的选择、业务流程的设定、对企业需求的恰当分析。

此外，ERP 的实施是一个长期的、循序渐进的过程。在这个过程中，成熟完善的 ERP 系统是信息化成功的前提，严谨科学的实施方式是保证 ERP 成功上线的关键。

二、ERP 实施效益

ERP 进入中国已有 20 年时间了，它在各行各业得到了越来越广泛的应用，为企业带来的多方面的效益已经显现出来，主要有定量效益和定性效益两方面。

（一）定量效益

由于企业所处的行业、产品类型、生产规模和原有管理基础不同，所以其定量效益会有很大出入。使用 ERP 系统可以为企业带来如下经济效益：

(1) 降低库存量。实施 ERP 后，企业有了好的需求计划，能够在第一时间得到所需的物料，使库存保持在一定的合理水平。

(2) 提高劳动生产率。实施 ERP 后，企业可以合理利用资源缩短生产周期。

(3) 按期交货，提高客户服务质量。实施 ERP 后，企业一般按期交货履约率可达 90%以上，接近 100%。

(4) 提高企业管理水平，协助员工快速完成任务，提高工作效率。

(5) 加强成本控制。经证明，实施 ERP 成功的企业可降低制造成本 5%～12%。

(6) 其他定量收益。ERP 系统同财务系统集成，可减少财务收支上的差错或延误，减少经济损失，准确核算成本，迅速报价，赢取市场业务。

（二） 定性效益

定性效益主要体现在以下几个方面：

(1) 有利于企业管理层随时掌握市场销售、生产和财务等各方面的运营状况，不断改善经营决策，提高企业的应变能力和竞争地位。

(2) 有利于提高企业员工整体素质，发扬团队精神，培养出一批既懂管理和生产，又善于应用计算机技术的复合型专业人才。

(3) 实施 ERP 后，把基础工作交给计算机来完成，管理人员从事务工作中解脱出来，致力于实质性的管理工作，进一步实现规范化管理。

(4) 实施 ERP 后，通过规范化管理，在一定程度上提高了产品质量。

复 习 思 考 题

1. 选择题

(1) 企业的三流是指 (   )。

A. 物流、资金流和数据流 B. 物流、资金流和信息流

C. 数据流、信息流和物流 D. 成本流、物资流和资金流

(2) ERP 的概念提出于 (   )。

A. 20 世纪 60 年代 B. 20 世纪 70 年代

C. 20 世纪 80 年代 D. 20 世纪 90 年代

(3) ERP 的发展先后经历了 (   )。

A. 订货点法、闭环 MRP、MRP、MRP Ⅱ 和 ERP 等阶段

B. ERP、MRP、闭环 MRP、MRP Ⅱ 和订货点法等阶段

C. 订货点法、MRP、闭环 MRP、MRP Ⅱ、ERP 等阶段

D. 订货点法、闭环 MRP、MRP Ⅱ、MRP 和 ERP 等阶段

(4) ERP 的主要特点不包括 (   )。

A. 能够帮助企业准确把握市场

B. 具有提供重构方案的能力

C. 充分考虑了企业中的人力因素

D. 极大地改善了员工的薪资水平

(5) ERP 系统的核心管理模块是 (   )。

A. 财务管理模块 B. 物流管理模块

C. 生产管理模块 D. 人力资源管理模块

2. 简答题

(1) 简述 ERP 的发展历程。

(2) 简述 ERP 的功能。

项目二　ERP 沙盘模拟分解

 学习目标

(1) 了解 ERP 物理沙盘。

(2) 了解电子沙盘。

(3) 掌握 ERP 各实施中心的任务。

任务一　ERP物理沙盘

一、沙盘盘面介绍

　　ERP 沙盘模拟实训是以一套 ERP 物理沙盘教具为载体，融入相关的管理、生产、营销、财务、人力资源等企业经营理念及分析工具而进行教学的一种新型教学模式。一套完整的 ERP 沙盘教具主要包括沙盘盘面以及代表生产设备、产品、货币、原料等的标识。

　　本书的编写主要以用友新道 ERP 物理沙盘为蓝本，参考了多届 ERP 沙盘大赛规则，沙盘盘面如图 2-1 所示。

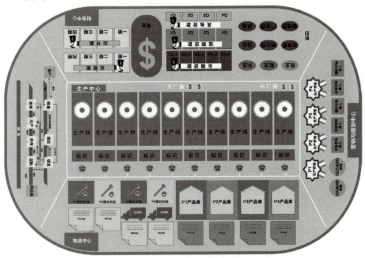

图 2-1　ERP 沙盘盘面

沙盘盘面共分为五个部分，其中中间区域分别是财务中心、生产中心、物流中心；两侧分别是营销与规划中心、企业运营流程中心。财务中心由左向右依次可表明企业各项费用金额、贷款金额及其期限、现金存量、应收应付款、在途资金及其期限。生产中心用来表明厂房及其价值和生产线及其价值。物流中心可用来分别列示在途原材料、库存原材料和成品的数量。营销与规划中心用来表明企业获得哪种产品生产资格、哪些市场准入资格、哪种质量认证。企业运营流程中心反映企业信息流。客户将产品需求以销售订单方式传递给市场营销部，如果是企业一直经营的老产品，由市场营销部查看物流部成品库存，若库存产品充足，则销售产品；库存产品不足，则将短缺产品品种与数量通知生产部，将销售订单转为生产订单。生产部根据生产订单提出物料需求计划转给采购部，采购部对照原材料和物料需求计划形成采购订单，向原材料供应商订货。如果是研发新产品，则由市场营销部与产品研发部协调决定新产品研发的品种与技术规格，产品研发部将研发的工艺数据转给生产部，以组织新产品生产。各功能区如图 2-2 所示。

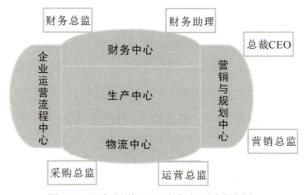

图 2-2　用友新道 ERP 沙盘盘面功能划分

根据功能图将 ERP 沙盘所涉及的内容列于表 2-1 中。

表 2-1　沙盘功能的内容

职能中心的划分	企业运营的关键环节	主要职能	简要说明	备注
企业运营流程中心	战略计划	企业整体规划	为市场开拓、产品研发、生产线调整、投融资等一系列企业运营活动做谋划	为企业发展做好计划
营销与规划中心	市场营销	市场开拓规划	确定企业需要开发的市场。可供选择的市场：区域市场、国内市场、亚洲市场、国际市场（范围超过亚洲）	市场开拓完成，应换取相应的市场准入证
		产品研发规划	确定企业需要研发的产品。可供选择的产品有 P2 产品、P3 产品、P4 产品	产品研发完成，应换取相应的产品生产资格证
		ISO 认证规划	确定企业需要争取获得的国际认证资格：ISO 9000 质量认证、ISO 14000 环境认证	ISO 认证完成，应换取相应的 ISO 资格证

续表

职能中心的划分	企业运营的关键环节	主要职能	简 要 说 明	备 注
生产中心	生产组织	厂房	沙盘盘面上设计了大厂房和小厂房，大厂房内可以建6条生产线，小厂房内可以建4条生产线	已购置的厂房通过右侧角摆放的厂房价值标识表示
		生产线	可供选择的生产线：手工生产线、半自动线、全自动生产线、柔性生产线。不同型号生产线的价格、生产效率及转产灵活性不同	表示企业已购置的生产线，其净值在生产线下方的"生产线净值"处显示
		在产品	企业可供生产的产品有P1产品、P2产品、P3产品、P4产品	表示企业正在生产的产品，通过"产品标识"表示
物流中心	采购管理库存管理	采购提前期	R1，R2原料的采购提前期为一个季度；R3、R4原料的采购提前期为两个季度	没有考虑采购提前期不能使用原材料
		原料库	盘面上共有四个原料库，分别用于存放R1、R2、R3、R4原料，每种原料单位价值均为1M(1M代表1万元)	通过不同颜色的彩币表示不同的原料：R1红色、R2橙色、R3蓝色、R4绿色
		原料订单	代表与供应商签订的订货合同	用放在原料订单处的空桶表示，1个空桶代表1个原料订单
		产成品库	盘面上共有四个产成品库，分别用于存放P1产品、P2产品、P3产品、P4产品	每个产成品的价值包括相应的原材料及加工费
财务中心	会计核算财务管理	现金库	用来存放现金，每个钱币代表价值1M	现金用灰币表示
		银行贷款	用放置在相应位置上的空桶数量来表示，贷款种类不同则利率不同	长期贷款按年度列示，短期贷款按季度列示
		应收/应付账款	应收账款用放置在相应位置上的装有现金的桶表示，应付账款用放置在相应位置上的空桶表示	应收账款和应付账款均按季度列示
		综合费用	将发生的各项费用置于相应的区域	表示企业的日常运营成本

二、沙盘教具概述

（一）原材料及原材料订单

沙盘中共有四种原材料，用 R1、R2、R3 和 R4 表示，每种原材料用不同颜色的彩币表示，单价均为 1M。详见表 2-2 沙盘教具示范表和表 2-3 沙盘教具应用举例。

表2-2　沙盘教具示范表

序号	教具	示范图	说　明
1	空桶		用来装币／表示原材料采购订单／贷款
2	灰币		用来表示资金，一个灰币表示资金1万元
3	红币		用来表示原材料R1，一个红币表示1个R1原材料
4	橙币		用来表示原材料R2，一个橙币表示1个R2原材料
5	蓝币		用来表示原材料R3，一个蓝币表示1个R3原材料
6	绿币		用来表示原材料R4，一个绿币表示1个R4原材料
7	产品标识P1	P1	放置在生产中心线处，表明每条生产线上正在加工的P1产品
8	产品标识P2	P2	放置在生产中心线处，表明每条生产线上正在加工的P2产品
9	产品标识P3	P3	放置在生产中心线处，表明每条生产线上正在加工的P3产品
10	产品标识P4	P4	放置在生产中心线处，表明每条生产线上正在加工的P4产品

表2-3　沙盘教具应用举例

图片	说　明
P1	表明生产一件产成品P1需要用1个R1原材料（红币）和1万元人工费（灰币）
P2	表明生产一件产成品P2需要用1个R1原材料（红币）、1个R2原材料（橙币）和1万元人工费（灰币）
P3	表明生产一件产成品P3需要用2个R2原材料（橙币）、1个R3原材料（蓝币）和1万元人工费（灰币）
P4	表明生产一件产成品P4需要用1个R2原材料（橙币）、1个R3原材料（蓝币）、2个R4原材料（绿币）和1万元人工费（灰币）

（二）生产线

沙盘中的生产线一共有 4 种类型，分别为手工生产线、半自动生产线、全自动生产线和柔性生产线。每种生产线用不同颜色表示，同时，生产线中的方格表示生产周期，每一个方格表示一个季度 (1Q)，如图 2-3 所示。

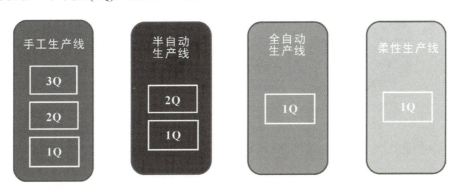

图 2-3　生产线标识

手工生产线标识：表示在生产线上加工产品要用 3 个季度才能完工，如第 1 季度投料生产，第 4 季度产出产品；

半自动生产线标识：表示在生产线上加工产品要用 2 个季度才能完工，如第 1 季度投料生产，第 3 季度产出产品；

全自动生产线标识：表示在生产线上加工产品要用 1 个季度才能完工，如第 1 季度投料生产，第 2 季度产出产品；

柔性生产线标识：表示在生产线上加工产品要用 1 个季度才能完工，如第 1 季度投料生产，第 2 季度产出产品。柔性生产线与全自动生产线的区别是转产灵活，转产时不付费不停工接转为其他产品的生产。

说明：不同的规则可设定不同的生产线参数。投资新建不同的生产线，其建成时间和每期投资规模有所不同，不同生产线生产效率也不相同。

（三）营销与规划中心

营销与规划中心的功能主要是新产品研发、新市场开拓和 ISO 资格认证，如图 2-4 所示。当每一个任务完成时，需要在实训教师处换取相应的准入资格证，才可以在下一年度／季度进行竞单与生产。

(1) 产品资格区域。在模拟经营中，企业确定需要研发哪些产品后，开始投入资金和时间，达到要求后，即可获得产品生产资格，然后把相应的产品资格证摆放在对应位置。

(2) 质量认证区域。在模拟经营中，企业只有取得相应的资格认证，才能进入相应的市场，获得相应的产品生产资格。质量认证包括 ISO 9000 质量认证和 ISO 14000 环境认证，企业获得认证后，将相应质量认证证书摆放在对应位置。

(3) 市场准入区域。沙盘上共有 5 个市场，即本地市场、区域市场、国内市场、亚洲市场和国际市场。在模拟经营中，企业需要确定开发哪些市场，获得市场准入资格后将相应准入证摆放在对应位置。

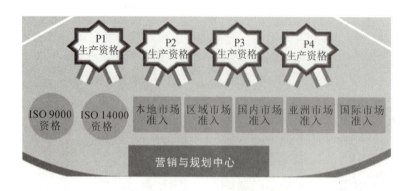

图 2-4　营销与规划中心

（四）财务中心

财务中心的功能主要包括长期贷款、短期贷款、其他贷款、应收款、应付款、现金、折旧及综合费用等，如图 2-5 所示。其中，沙盘上长期贷款的纵列以年度为时间单位，离现金库最近的"FY1"为第一年；短期贷款、其他贷款的纵列以季度为时间单位，离现金库最近的"Q1"为第一季度；应收账款、应付账款的纵列也以季度为时间单位，即以 Q 为一个时间周期，离现金库最近的"一期"为第一个季度；折旧以年度为时间单位计提，综合费用按照发生时间记录支出。

（1）费用区域。费用区域包括内容较多，主要有折旧、税金、贴息、利息、修理费、转产费、租金、管理费、广告费、其他等企业经营期间发生的各项费用。当企业发生上述费用时，将相应金额的钱币放置在对应位置。

（2）贷款区域。贷款区域用于体现企业的贷款情况，主要包括长期贷款、短期贷款和其他贷款（高利贷）。企业发生贷款时，按照贷款的性质，将贷款的空桶放置在相应位置。

（3）现金区域。现金区域用于存放现金，表示企业当前可用的现金，直接将货币摆放在该区域，资金发生变化时，可直接增减货币的数量，学生需要时刻注意企业的现金流量。

（4）应收应付款区域。企业在销售产品、出售厂房等情况得到应收款时，将资金放置在相应账期的应收款区域内；企业采用赊购、先使用厂房后付租金等情况产生应付款时，将资金放置在相应账期的应付款区域内。

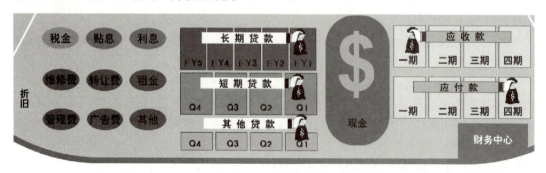

图 2-5　财务中心

（五）　生产中心

生产中心主要有厂房和机器设备，沙盘中共有大厂房和小厂房两个生产中心，如图2-6所示。大厂房有6条生产线的容量，小厂房有4条生产线的容量。每条生产线生产的产品可以通过下方的标识来表示，同时生产线净值也可以通过沙盘盘面显示。

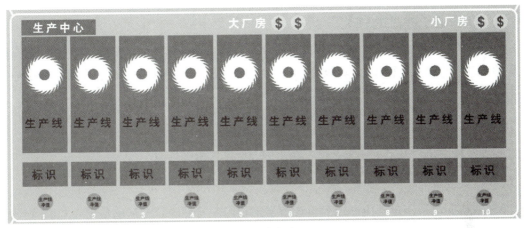

图 2-6　生产中心

（六）　物流中心

物流中心的功能主要是原材料采购和产成品销售。其中，原材料采购有采购提前期。在沙盘上物流中心分为两个区域：原材料区域和产成品区域。原材料区域由"原材料订单""在途原材料"和"原材料库"组成，产成品区域分为"产品订单"和"产品库"两部分。物流中心盘面如图2-7所示。

物流状态以 R1 订单、R2 订单、R3 订单、R4 订单、R3 在途和 R4 在途来表示。

图 2-7　物流中心

 课堂讨论

通过实物感受一下 ERP 物理沙盘的盘面。说说它和你想象的沙盘有什么不同？

根据前面所学的知识总结一下沙盘盘面上各版块的作用，然后想一想，制造业运营流程版块的作用是什么？

任务二　ERP电子沙盘

一、ERP电子沙盘的种类

ERP电子沙盘是基于物理沙盘开发出来的一套模拟企业经营活动的软件系统，是基于流程的互动经营模式的模拟经营平台。电子沙盘教具是物理沙盘内容的电子化，运用软件技术在计算机上实现推演的工具。

一般来说，电子沙盘是物理沙盘的延伸。目前很多公司在物理沙盘的基础上，推出了不同版本的电子沙盘，例如，用友软件公司先后推出了"创业者"和"新商战"电子沙盘，金蝶软件公司推出了"经营之道"和"创业之星"电子沙盘。

（一）"创业者"电子沙盘

"创业者"电子沙盘是由浙江大学城市学院及用友软件联合打造的最新企业经营模拟软件，首创基于流程的互动经营模式。

"创业者"电子沙盘是由学生组成若干个相互竞争的模拟企业，通过模拟企业6年左右的经营，让学生切身体验从筹资、融资、投资到企业经营管理的创业全过程。学生在企业战略制定、组织部署、产品研发、生产、物流、市场、销售、财务管理、团队协作等多个方面进行系统训练。学生在课程中体验完整的企业经营过程，感受创业型企业发展的典型历程，感悟正确的经营思路和管理理念 (见图 2-8)。

图 2-8 "创业者"电子沙盘界面

（二）　新道"新商战"电子沙盘

新道"新商战"系统平台是继"新创业者"沙盘模拟经营系统之后的新一代企业经营模拟软件。该平台在继承企业经营模拟沙盘特点的基础之上，吸收了众多经营类软件的优点，更贴近现实，运行规则及订单可以自由设置，同时可以支持多市场同开（见图 2-9）。

图 2-9 新道"新商战"电子沙盘界面

（三）"经营之道"电子沙盘

"经营之道"电子沙盘是一个全新的企业管理技能实战训练系统，主要用于训练学生体验企业运营管理，提升实际分析问题与解决问题的能力。"经营之道"电子沙盘综合运用多种管理模拟技术，包括角色扮演、电脑模拟、竞争博弈、训练模拟等，通过对真实企业的仿真模拟，让学生体验企业经营管理，完成企业经营管理中的各项分析决策（见图 2-10）。

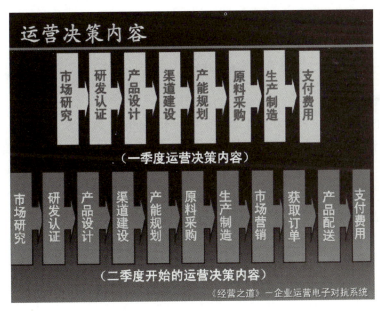

图 2-10 "经营之道"电子沙盘界面

（四）"创业之星"电子沙盘

"创业之星"电子沙盘是紧密围绕教育部创业教育课程的要求而开发的全程模拟创业实训平台。该电子沙盘运用先进的计算机软件与网络技术，结合精心设计的商业模拟管理模型及企业决策博弈理论，全面模拟真实企业的创业经营管理过程 (见图 2-11)。

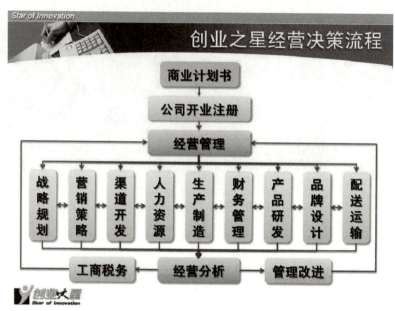

图 2-11　"创业之星"电子沙盘界面

二、ERP 物理沙盘与电子沙盘对比

ERP 沙盘模拟的教学先后经历了物理沙盘和电子沙盘两个发展阶段，二者既有相同点，也有不同点。

（一） ERP 物理沙盘与电子沙盘的相同点

1. 经营流程相同

ERP 物理沙盘和电子沙盘模拟中都涵盖了一个企业的主要资源，包括人力、财力、物力、信息等资源，以及一个企业主要的经营环节，如采购、生产、销售、收款、融资、分析评价等环节。这意味着只要熟悉了 ERP 物理沙盘的基本环节和流程，就可以应用到 ERP 电子沙盘中去。

2. 运行规则相似

ERP 物理沙盘和电子沙盘模拟中都涵盖了一个企业的主要资源，包括人力、财力、物力、信息等资源，以及一个企业主要的经营环节，如采购、生产、销售、收款、融资、分析评价等环节。这意味着只要熟悉了 ERP 物理沙盘的基本环节和流程，就可以应用到 ERP 电子沙盘中去。

3. 角色分工相近

在 ERP 物理沙盘和电子沙盘中，都对参与模拟的学生进行了角色分工，主要包括首席执行官 (CEO)、财务总监 (CFO)、采购总监 (CBO)、生产总监 (CPO)、营销总监 (CMO) 等，这些角色各负其责、各司其职，保证管理团队所经营的企业能够正常运转。

4. 教学特色相似

ERP物理沙盘和电子沙盘都具有互动性、实战性，并且都是以参与者为中心的教学模式，学生学习得更具有主动性。此外，二者都打破了案例教学相对静止的局限，充分演示了现实企业经营过程中所要经历的复杂局面。

（二）ERP物理沙盘与电子沙盘的不同点

1. 模拟规则不同

ERP物理沙盘和电子沙盘模拟的规则在企业贷款、市场研发和产品开发等方面是相同的，其他方面都有一些差异，电子沙盘的运行规则更接近实际企业经营。

例如，在物理沙盘中，一般资金的单位使用M，相当于现实中的万元；而在电子沙盘中，普遍使用W作为资金的单位，相当于现实中的万元。

2. 操作界面不同

ERP物理沙盘在整个经营流程都使用道具在物理盘面上进行操作，直观性和趣味性强，学生在物理沙盘经营过程中能够有亲身参与感和企业使命感，真正投入角色扮演，增强主观能动性和团队凝聚力。

电子沙盘基本上都在计算机上进行操作，基本丧失了物理沙盘的现场感，更像是在运行一个财务软件。它将许多需要由学生根据规则亲自动笔计算的步骤放到了后台自动完成。

3. 监控难易程度不同

ERP物理沙盘在运行监控上难度很大，指导老师必须花费大量时间和精力来进行监控，学生很容易产生作弊行为，造成运行结果的不公平。

电子沙盘可控性强，监控工作量小。学生的每一步操作都要输入计算机，而且每一步操作都不可逆。这样更贴近企业真实的运作环境，促使学生在进行操作的时候更加谨慎，认真负责地面对每一项决策。

4. 老师的工作侧重点不同

ERP物理沙盘中老师面临繁重的选单录入、报表录入和监控录入等具体操作，很难集中注意力引导学生进行企业经营管理。

电子沙盘使老师彻底从繁重的监控和录入操作中解放出来，有更多的时间和精力关注每一组成员的战略制定和执行情况，有的放矢地给予指导支持。

5. 操作空间受限不同

ERP物理沙盘需要受训者在同一地点进行经营操作，电子沙盘基本可以不受空间限制，比较方便。

复 习 思 考 题

1. 选择题

(1) 物理沙盘盘面共分为（　　）个部分。

A. 5   B. 4   C. 3   D. 2

(2) 原材料订单按 (   ) 分别列示。

A. M1、M2、M3、M4   B. A1、A2、A3、A4

C. S1、S2、S3、S4   D. R1、R2、R3、R4

(3) 物理沙盘与电子沙盘的不同点包括 (   )。

A. 模拟规则不同   B. 操作界面不同

C. 监控难易程度不同   D. 操作空间受限不同

4. 电子沙盘包括 (   )。

A. "创业者"电子沙盘   B. "新商战"电子沙盘

C. "经营之道"电子沙盘   D. "创业之星"电子沙盘

2. 综合题

(1) 简述 ERP 沙盘模拟的作用。

(2) 简述 ERP 物理沙盘和 ERP 电子沙盘的异同。

项目三　ERP 沙盘模拟实训准备

学习目标

(1) 了解 ERP 沙盘模拟企业市场规则。
(2) 了解 ERP 团队各成员的工作职责。
(3) 掌握企业经营流程。

任务一　实训准备

一、组建团队

大海是由无数的水滴组成的，每个人都是团队中的一滴水；1+1 > 2，个人的成功只是暂时的，而团队的成功才是永久的。ERP 沙盘模拟经营是一门操作性很强的课程，小组成员的配合和专业能力的互补非常重要，也就是人们常说的"团队"(Team)。团队是由基层人员和管理层人员组成的一个共同体，它合理利用每一个成员的知识和技能协同工作，解决问题，达到共同的目标。

团队建设是指为了实现团队绩效及产出最大化而进行的一系列结构设计及人员激励等团队优化行为。团队建设主要是通过自我管理的小组形式进行的，每个小组由一定数量的员工组成，负责一个完整的工作过程或其中一部分工作。团队精神，简单来说就是大局意识、协作精神和服务精神的集中体现，其基础是尊重个人的兴趣和成就，核心是协同合作，最高境界是全体成员的向心力、凝聚力，也就是个体利益和整体利益统一后推动团队的高效率运转。

一般来说，根据教学道具的数量不同，一个模拟市场可以容纳 6～8 个模拟企业，对应模拟企业数量实训时将学生分成若干个小组，每组 5～8 名队员，每个学生担任不同的角色，具体设置为首席执行官 (CEO)、财务总监 (CFO)、生产总监 (COO)、市场营销总监 (CMO)、采购总监 (CPO)、人力资源总监 (CHO)、信息总监 (CIO)。

学生人数较少时，信息总监、市场营销总监和人力资源总监 3 个角色可以选设，其中信息总监常在电子沙盘中设置，成员不宜少于 5 人，以承担 5 个基础角色；当人数较多时，还可以设置各总监的助理，比如说财务助理、人事助理等。

根据现代企业管理制度，模拟企业组织结构设置如图 3-1 所示。

图 3-1　模拟企业组织结构设置

二、角色职责

组建好团队之后，大家需要讨论确定每个人的岗位和职责，做出人员定位。

（一）首席执行官（CEO）

首席执行官是指在一个企业中负责日常事务的最高行政官员，在公司或组织内部拥有最终的执行权力。首席执行官作为企业的掌舵人，主要负责制定企业的总体战略和发展规划，把控企业的发展方向，做出最有利于企业发展的战略决策，保证企业的平稳运营。

在沙盘实训中，模拟企业所有的重要决策均由首席执行官带领团队成员共同决定。首席执行官需要与各部门总监沟通，协调企业经营决策，并根据企业实际状况，及时把握，调整发展方向。CEO 的岗位职责主要包括以下几个方面，见表 3-1。

表 3-1　首席执行官的岗位职责

岗位名称	企业岗位职责	沙盘模拟具体工作事项
首席执行官	制定发展战略	企业发展规划制定
	竞争格局分析	市场分析
	经营指标确定	业绩考评管理
	业务策略制定	竞争对手分析
	全面预算管理	团队管理
	管理团队协同	突发事件管理
	企业绩效分析	
	业绩考评管理	
	管理授权与总结	

（二）财务总监（CFO）

财务总监是企业财务部门的核心人物，履行所有财务职能，也是对企业的财务会计、出纳活动进行全面监督与管理的高级管理人员。财务总监不仅要对企业财务活动的合法性、真实性、有效性等进行监督，还应对企业会计核算的谨慎性、可靠性、可比性、相连性等进行监督。财务总监作为企业的经济管家，要从公司全局和长远的角度出发，胸怀大局，从大处着眼，细处着手，管好、用好资金，保证各部门有持续的现金流，并且能够为领导的决策和资金分析提供依据支持。

在沙盘模拟企业经营中，财务总监的工作最为繁忙，大到融资安排，小到现金支付，每一项涉及资金的活动都离不开财务总监的监督。财务总监的岗位职责见表 3-2。

表 3-2　财务总监的岗位职责

岗位名称	企业岗位职责	沙盘模拟具体工作事项
财务总监	日常财务记账和登账	支付税金
	向税务部门报税	短期贷款
	提供财务报表	长期贷款
	日常现金管理	支付利息
	企业融资策略制定	处理应收/应付账款
	成本费用控制	支付租金/购买厂房
	资金调度与风险管理	支付行政管理费
	财务制定与风险管理	
	财务分析与协助决策	

（三）　生产总监（COO）

生产总监是企业生产部门的核心人物，对企业的一切生产活动及产品进行管理。他们往往拥有丰富的生产管理协调经验，熟悉所在行业的生产过程，熟悉原材料的供应渠道，熟悉生产规程以及质量标准，具备良好的生产经营管理理念。

在沙盘模拟中，生产能力往往是制约企业发展的重要因素。因此，生产总监要有计划地扩大生产能力，以满足市场竞争的需要；同时提供季度产能数，为企业决策和运营提供依据。生产总监的岗位职责见表 3-3。

表 3-3　生产总监的岗位职责

岗位名称	企业岗位职责	沙盘模拟具体工作事项
生产总监	产品研发管理	进行产品研发投资
	管理体系认证	生产计划的制定与执行
	固定资产投资	将完工产品入库
	编制生产计划	购买/更新/转产生产线
	平衡生产能力	产品生产流程管理
	生产车间管理	原材料的请购
	产品质量保证	机器设备的损耗与折旧
	成品库存管理	

（四）　市场营销总监（CMO）

企业的利润主要来自企业产品的销售收入，产品销售的实现是企业生存和发展的关键。因此，市场营销总监作为企业的"冲锋战士"，肩负拓展市场、开发客户的任务，为企业的生存和发展提供了保障，其重要性不言而喻。市场营销总监还应有全局和整体观念，在产品定位、品牌推广等方面都要与公司的发展战略保持一致。

在沙盘模拟中，市场营销总监通过预测分析市场、产品定位，制定销售计划，确定广告投放额度等。此外，市场营销总监还需要参加产品订货会，为企业争取订单。市场营销总监的岗位职责如表 3-4 所示。

表 3-4　市场营销总监的岗位职责

岗位名称	企业岗位职责	沙盘模拟具体工作事项
市场营销总监	进行市场调查分析	制定广告方案
	制定市场进入策略	参加产品订货会
	制定产品品种发展策略	参加选单
	制定广告宣传策略	交货给客户
	制订销售计划	开拓市场 /ISO 资格认证
	争取订单与谈判	
	签订合同与过程控制	
	按时发货与应收款管理	
	进行销售绩效分析	

（五）采购总监（CPO）

原料采购是企业生产的首要环节，采购总监负责采购部门的日常工作，策划和制定采购方案并组织实施和监督，力求从价格上、质量上把好关，同时确保企业在恰当的时间点能采购到满足企业当前生产需要的原材料。

在沙盘模拟中，采购总监负责规划采购计划、签订采购合同、监督原材料采购过程并按计划向供应商付款、管理原材料等具体工作，采购总监的岗位职责如表 3-5 所示。

表 3-5　采购总监的岗位职责

岗位名称	企业岗位职责	沙盘模拟具体工作事项
采购总监	编制采购计划	签订采购合同
	供应商谈判	规划采购计划
	签订采购合同	采购原材料
	监控采购过程	支付原材料的货款
	到货验收	
	仓储管理	

（六）信息总监（CIO）

信息总监作为企业的高层管理人员，主要运用其掌握的信息优势有效地参与企业的战略规划和目标决策，充分利用企业内外可加控制的信息资源来不断完善企业的信息结构，并注意协调好企业管理与信息技术的关系。

在沙盘模拟中，信息总监主要负责竞争对手信息的收集，了解竞争对手的动向，包括竞争对手主打的产品、生产能力、涉足的市场等，并加以整理分析，过滤出有用的信息，提供给 CEO 进行决策。信息总监的岗位职责如表 3-6 所示。

表 3-6　信息总监的岗位职责

岗位名称	企业岗位职责	沙盘模拟具体工作事项
信息总监	规划企业的信息化发展战略	收集竞争对手信息
	根据规划组织信息化项目实施	关注竞争对手动向
	组织进行信息系统的日常运行维护	整理分析信息
	持续审视并优化信息系统	
	进行信息资源的整合，形成统计分析报表，为企业战略运营服务	

（七）人力资源总监（CHO）

人力资源总监作为企业核心决策层的重要成员，是首席执行官的战略伙伴。人力资源总监要从战略高度努力构建高效实用的人力资源管理系统，成功进行人才选拔，建立科学的考核与激励机制，最大限度地激发人才潜能，创建优秀团队。

在沙盘模拟中，人力资源总监通过对每位学员的参与度及贡献度进行考评，由 CEO 最终做出的组内排名可以作为实训成绩评定的重要依据之一。人力资源总监的岗位职责如表 3-7 所示。

表 3-7　人力资源总监的岗位职责

岗位名称	企业岗位职责	沙盘模拟具体工作事项
人力资源总监	制定公司人力资源的战略规划	记录各成员的表现
	设计企业组织架构	
	确定各岗位职责	
	安排薪酬体系	
	招聘人员及组织考核	

 课堂讨论

让学生们谈一谈自己在 ERP 沙盘模拟中想扮演什么角色，为什么？

三、企业命名与 CEO 就职演讲

（一）企业命名

一个成功的企业要创出自己的品牌，首先必须打出响亮的名称。企业的名称好比一面旗帜，代表的是企业在大众心目中的形象。名称响亮才能让更多的人识别企业，了解产品；企业和产品有广泛的知名度和良好的信誉，才能吸引更多的客户，产生更大的效益。

为企业命名时，应注意以下几个事项：

(1) 企业名称应简短明快。名称字数少，笔画少，易于和消费者进行信息交流，便于消费者记忆，同时还能引起大众的联想，寓意丰富。

(2) 企业名称应符合企业理念、服务宗旨，这样有助于企业形象的塑造。

(3) 企业名称应具备自己的独特性。具有个性的企业名称可避免与其他企业名称雷同，以免混淆大众记忆，并可加深大众对企业的印象。例如，恒大集团的"恒大"；联想集团的"联想"等名称，都具有独特个性，令人印象深刻。

(4) 企业名称应具备不同凡响的气魄，要有冲击力，让人能过目不忘。

(5) 企业名称要响亮，易于上口，如"红旗""吉利""联想"等，响亮而又具有节奏感，因而极具传播力。

（二）　CEO 就职演讲

CEO 就职演讲的目的和作用在于打动听众，使听者认可其观点或态度。演讲一定要具有说服力和感染力。很多著名的政治家都是很好的演讲者，他们往往借助于自己出色的演讲，为自己的政治生涯铺路。如何才能使自己的演讲成功呢？

首先，演讲要有"吸引力"。就职演讲是有声语言，是书面化的口语。因此，一方面是把口头语言变为书面语言，即化声音为文字，起到规范文字、有助演讲的作用；另一方面，演讲要把较为正规严肃的书面语言转化为易听明白的口语，以便演讲。

其次，演讲者要把握好演讲稿的内容和结构。一般来说，演讲稿包括开场白、正文、结尾三部分。开场白是演讲中很重要的部分，其目的是使听众立即了解演讲主题、引入正文；正文是整篇演讲的主体，正文必须有重点、有层次、有中心语句，演讲主题的层次安排可按时间或空间顺序排列，也可以平行并列、正反对比，逐层深入：结尾是对演讲内容的总结，它起到了深化主题的作用，此外，也可以使用感谢、展望或鼓舞等语句。

最后，对演讲节奏和时间的把握也很重要。一方面，每一场演讲都是有时间限制的，CEO 演讲时，必须把握自己演讲的速度和内容；另一方面，还要根据演讲时间的长短调整演讲的内容，做到整场演讲的音调有高低起伏、节奏有轻重缓急、情绪有高涨低潮。在听众的精力分散前结束，余味悠长。

情景练习

让同学们各自组队之后，由团队里面 CEO 上台进行企业介绍和就职演讲。

任务二　企业经营流程

一、年初工作安排

一年之计在于春。每年年初，企业应当根据自身内外部环境状况，预测将来可能出现的问题和情况，分析可能面临的困难和影响，寻找解决问题的途径和办法，使企业未来的经营活动处于掌控之中。因此，企业首先应当召集管理团队召开新年度规划会议，初步制定企业本年度的投资计划；其次，市场营销总监参加一年一度的产品订货会，竞争本年度的销售订单；然后，企业根据销售订单情况，调整本年度的投资计划，开始本年度的各项工作。

（一）　组织管理团队召开会议

常言道："凡事预则立，不预则废。"在新一年的经营开始之前，CEO 应当组织管理团队召开新年度规划会议，根据各位总监掌握的信息和企业的实际情况，制定企业在本年的投资计划，包括市场和认证开发、产品研发、设备投资、生产经营等方面。同时，为了能准确地在一年一度的产品订货会上争取到销售订单，还应当精确计算出企业在该年的产品完工数量，确定企业的可接订单数量。

（二）　制定本年的投资计划

企业应当结合目前和未来的市场需求、竞争对手可能的策略以及本企业的实际情况，制订科学合理的投资计划。在制定本年的投资计划时，可以从以下几方面展开。

1. 市场开拓计划

企业要销售产品必须先开拓市场。开拓市场会导致企业当期现金的流出，增加企业当期费用，减少当期利润。所以，企业在制定市场开拓计划时，还要充分考虑企业的资金情况，不能出现因开拓市场的费用增加而导致企业所有者权益变为负数的局面。因此，在进行市场开拓规划时，企业应当明确以下几个问题：

(1) 企业的销售策略是什么？企业开拓市场往往要综合考虑市场产品价格的高低和市场需求的大小两个因素。企业应当根据销售策略明确需要开拓什么市场、开拓几个市场。

企业的目标市场是什么？企业应当根据销售策略和各个市场产品的需求状况、价格水平、竞争对手的情况等明确企业的目标市场。

(3) 什么时候开拓目标市场？在明确了目标市场后，企业应当结合资金状况和产品生产情况明确目标市场的开拓时间。

2. ISO 认证开发计划

企业只有取得 ISO 认证资格，才能在竞单时取得标有 ISO 条件的订单。不同的市场、不同的产品、不同的时期，对 ISO 认证的要求是不同的，并不是所有的市场在任何时候对任何产品都有 ISO 认证要求。所以，企业应当根据实际情况考虑是否进行 ISO 认证开发。

与市场开拓一样，企业要进行 ISO 认证，也需要投入资金，因此需要注意决策对资金和所有者权益的影响。由于 ISO 认证开发是分期投入的，因此，企业在进行开发计划时，应当考虑以下两个问题：

(1) 开发何种认证？ISO 认证包括 ISO 9000 认证和 ISO 14000 认证。企业要根据自己的目标市场对 ISO 认证的要求，以及自己的资金状况综合考虑开发何种认证。

(2) 什么时候开发？ISO 认证开发可以配合市场对认证要求的时间来进行。一般而言，时间越往后，市场对认证的要求会越高。如果企业决定进行 ISO 认证开发，在资金和所有者权益许可的情况下，可以适当提前开发。

3. 产品研发投资计划

企业要想增加收入，除了扩大销售市场之外，还必须要有多样化的产品。如果企业进

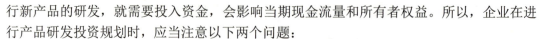

行新产品的研发，就需要投入资金，会影响当期现金流量和所有者权益。所以，企业在进行产品研发投资规划时，应当注意以下两个问题：

(1) 企业的产品策略是什么？企业可以研发的产品品种众多，但由于资金、产能的原因，企业一般不同时研发所有的产品品种，而是根据市场的需求和竞争对手的情况，选择其中的一种或两种进行研发。

(2) 企业从什么时候开始研发哪些产品？企业确定研发产品的品种后，需要结合市场、资金、产能、竞争对手的情况等方面，来决定什么时候开始研发以及研发什么产品的问题。

4. 设备投资计划

生产设备的数量和质量是制约企业生产能力的主要因素。要提高生产能力，企业需要更新现代化的生产设备。在设备投资时，现金的支出会影响企业当期的现金流量，要防止出现资金链断裂等情况。企业在进行设备投资规划时，应当考虑以下几个问题：

(1) 新的一年，企业是否要进行设备投资？一般而言，如果企业资金充裕，未来市场容量大，就应当考虑进行设备投资，扩大产能。反之，就应当暂缓或不进行设备投资。

(2) 扩建或更新什么生产线？企业生产线有手工、半自动、全自动和柔性生产线 4 种，一般情况下，企业应当根据资金状况和生产线等情况做出决策。

(3) 扩建或更新几条生产线？如果企业决定扩建或更新生产线，还涉及具体的数量问题。一般情况下，企业应根据资金状况、厂房内生产线位置的空置数量、新研发产品的完工时间等来进行决策。

(4) 什么时候扩建或更新生产线？企业扩建或更新生产线的时间，应该结合当时的资金状况、生产线完工后上线的产品品种、新产品研发完工的时间等因素确定。一般而言，如果企业有新产品研发，生产线建成的时间最好与其一致 (柔性和手工线除外)，这样可以减少转产和空置的时间。从折旧的角度看，生产线的完工时间最好在某年的第一季度，这样可以相对减少折旧费用。

5. 确定可接订单的数量

企业想要准确拿单，就必须准确计算出当年的产品完工数量，据此确定企业当年甚至每一个季度的可接订单数量。企业某年某产品可接订单数量的计算公式为

某年某产品可接订单数量 = 年初该产品的库存量 + 本年该产品的完工数量

企业的可接订单数量主要取决于企业现有库存和生产能力，因此产能计算的准确与否会直接影响订单交付能否顺利进行。

（三）进行广告宣传，参加销售订单发布会

销售产品必须要有销售渠道。对于沙盘模拟企业经营而言，销售产品的唯一途径就是参加产品订货会，争取销售订单。参加产品订货会需要在目标市场投放广告，只有投放了广告，企业才有资格在该市场争取订单。因此，在参加订货会之前，企业需要依据市场和产品确定投放的广告费金额。

一般情况下，市场营销总监代表企业参加订货会。竞单时，应当尽可能按企业的可接订单数量争取订单，但不要超过企业的最大产能。如果企业不能按期交单，将会受到严厉

的惩罚。

沙盘模拟中，广告费一般在参加订货会后一次性支付。所以，企业在投放广告时应当充分考虑企业的支付能力，不能超过企业年初未经营前现金库中的现金余额。

（四）调整新年度计划

在明确当年的销售任务后，需要以销售预算为基础，结合企业对未来的预期，重新调整生产计划、采购计划、设备投资计划并进行相应的资金预算。将企业的供产销活动有机结合起来，使企业各部门的工作形成一个有机的整体。

（五）支付税金

依法纳税是每个企业应尽的责任和义务。企业在年初支付上年应交的税金，企业按照上年资产负债表中"应交税金"项目的数值交纳税金。

二、每季度工作

制定新年度计划后，企业就可以按照运营规则和工作计划进行日常经营了。企业日常运营应当按照一定的流程来进行，这个流程就是任务清单。任务清单(见表3-8)反映了企业在运营过程中管理工作的先后顺序。

表 3-8 企业运营任务清单

企业经营流程 请按顺序执行下列各项操作	每执行完一项操作，CEO 在相应的方格内打 √ 财务总监在方格中填写现金收支情况			
新年度企划会议				
参加订货会 / 登记销售订单				
制定新年度生产计划				
支付税金				
期初现金盘点 (填写余额)				
更新短期贷款 / 还本付息 / 申请短期贷款 (高利贷)				
更新应付款 / 归还应付款				
原材料入库 / 更新原材料订单				
下原材料订单				
更新生产 / 完工入库				
投资新生产线 / 变卖生产线 / 生产线转产				
向其他企业购买原材料 / 出售原材料				
开始下一批生产				
更新应收款 / 应收款收现				
出售厂房				
向其他企业购买成品 / 出售成品				
按订单交货				
产品研发投资				
支付行政管理费用				
其他现金收支情况				
支付利息 / 更新长期贷款 / 申请长期贷款				

续表

企业经营流程 请按顺序执行下列各项操作	每执行完一项操作，CEO 在相应的方格内打 √ 财务总监在方格中填写现金收支情况			
支付设备维护费				
支付租金 / 购买厂房				
计提折旧				（　　）
新市场开拓 /ISO 资格认证投资				
结账				
现金收入合计				
现金支出合计				
期末盘点　期末现金对账（填写余额）				
原材料库存（采购总监填写）				
半成品（生产总监填写）				
产成品库存（市场营销总监填写）				

（一）季初现金盘点

财务总监盘点目前现金库中的现金，并记录现金余额。

（二）更新短期贷款／还本付息／申请短期贷款

1. 更新短期贷款

短期贷款的借入、利息的支付和本金的归还都是在每个季度初期进行的。如果企业有短期贷款，财务总监需将空桶向现金库方向移动一格。如果空桶移至现金库时，表示短期贷款到期。

2. 还本付息

短期贷款的还款规则是利随本清。短期贷款到期时，每桶的本利和为 20 M + 20 M × 5% = 21 M。

财务总监从现金库中取现金，其中 20 M 还给银行，1 M 放置于沙盘上的"利息"处，并记录好现金收支。

3. 申请短期贷款

只有在每季度期初可以申请短期贷款。申请短期贷款的最高额度的计算公式为

申请短期贷款的最高额度 = 上年所有者权益 × 2 − 已贷短期贷款

提示：企业随时可以向银行申请高利贷，高利贷贷款额度视具体情况而定。如果企业申请了高利贷，可以用倒置的空桶表示，并与短期借款同样管理。

（三）更新应付款／归还应付款

财务总监将应付款向"现金库"方向推进一格。到达"现金库"时，从"现金库"中取现金付清应付款并做好现金收支记录。

（四）原材料入库／更新原材料订单

企业只有在前期订购了原材料，才能购买原材料。当原材料运抵企业时，采购总监将

原材料订单区中的空桶向"原材料库"方向推进一格，到达"原材料库"时，向财务总监申请原材料款，支付给供应商，换取相应的原材料。如果采用现金支付，财务总监要做好现金收支记录。如果是应付账款，也应在沙盘上做相应标记。

（五）下原材料订单

采购总监根据年初制订的采购计划，决定采购的原材料的品种及数量，每个空桶代表一批原材料，将相应数量的空桶放置于对应品种的"原材料订单"处，并做好记录。

（六）更新生产完工入库

(1) 更新生产。由生产总监将生产线上的在产品向成品库方向移 1 格。例如，当前在产品在手工线第 1 期位置，更新生产时就将其移动到第 2 期位置。

(2) 完工产品入库。生产总监将下线的产品移动到沙盘盘面的成品库指定产品名称位置。例如，当前在产品 P1 在手工线第 3 期位置，完工入库时就将其移动到成品库 P1 区位置。

（七）投资新生产线／变卖生产线／生产线转产

企业要提高生产能力，就必须改造生产线。生产线改造包括新购、变卖和转产等。

1. 投资新生产线

投资新设备时，生产总监向指导老师领取新生产线标志，翻转放置于某厂房相应的位置，其上放置与该生产线安装周期相同的空桶数；每个季度向财务总监申请建设资金，放置在其中一个空桶内。每个空桶内都放置了建设资金，表明费用全部支付完毕，生产线在下一季度建设完成。在全部投资完成后的下一季度，将生产线标志翻转过来，领取产品标志，可以开始投入使用。财务总监做好现金收支记录。

2. 变卖生产线

当生产线上的半成品完工后，可以变卖生产线。生产线按残值变卖。如果此时该生产线净值小于残值，将生产线净值直接转到"现金库"中；如果该生产线净值大于残值，从生产线净值中取出等同于残值的部分置于"现金库"，将差额部分置于"综合费用"的"其他"处。财务总监做好现金收支记录。

3. 生产线转产

如果生产线需要转产且该生产线需要一定的转产周期及转产费用，请生产总监翻转生产线标志，按季度向财务总监申请并支付转产费用，停工满足转产周期要求并支付全部的转产费用后，再次翻转生产线标志，领取新的产品标志，开始新的生产。财务总监做好现金收支记录。

（八）向其他企业购买原材料／出售原材料

新产品上线时，如果原材料库中没有足够的原材料，采购总监可以考虑向其他企业购买。如果按原材料的原值购入，购买方视同"原材料入库"处理，出售方采购总监从原材料库中取出原材料，向购买方收取等值现金，放入现金库并做好现金收支记录。

如果高于原材料价值购入，购买方将差额（支出现金－原材料价值）记入利润表中的

"其他支出"；出售方将差额记入利润表中的"其他收入"，财务总监做好现金收支记录。

（九） 开始下一批生产

当更新生产／完工入库后，某些生产线的半成品已经完工，可以考虑开始生产新产品。由生产总监按照产品结构从原材料库中取出原材料，并向财务总监申请产品加工费，将上线产品摆放到离原材料库最近的生产周期。财务总监要做好现金收支记录。

（十） 更新应收款／应收款收现

财务总监将应收款向"现金库"方向推进一格，到达"现金库"时即成为现金。财务总监要做好现金收支记录。

（十一） 出售厂房

企业流动资金不足时，可以随时按照购买价值出售厂房，得到的是 4 个账期的应收账款。如果出售厂房，财务总监做好相关记录。

（十二） 向其他企业购买成品／出售成品

企业参加产品订货会时，如果取得的订单超过企业的最大生产能力，当年有可能不能按订单交付客户，这样就构成违约，不仅信誉尽失，而且要接受严厉的处罚。这时市场营销总监可以考虑向其他企业购买产品。如果以成本价购买，买卖双方正常处理；如果高于成本价购买，购买方将差价（支付现金－产品成本）记入直接成本，出售方将差价记入销售收入，财务总监在"其他收入／成本"栏内做好现金收支记录。

当然，如果企业有库存积压的产品，也可以出售给其他企业。

（十三） 按订单交货

市场营销总监检查各成品库中的成品数量是否满足客户订单要求，满足则按照订单给客户交付约定数量的产品，并在订单登记表中登记该批产品的销售额、成本和毛利。客户按订单收货，按照订单上列明的条件支付货款。若为现金 (0 账期) 付款，营销总监直接将现金置于"现金库"中，财务总监做好现金收支记录；若为应收账款，营销总监将现金置于应收账款相应账期处。

提示： 企业交货时必须按订单整单交货。

（十四） 产品研发投资

按照年初制订的产品研发计划，生产总监向财务总监申请研发资金，置于相应产品生产资格位置，财务总监做好现金收支记录。

提示： 产品研发投资完成，领取相应产品的生产资格证。取得生产资格证后下一个季度可以开始生产该产品。

（十五） 支付行政管理费

财务总监取出 1 M 摆放在"管理费用"处，并做好现金收支记录。

（十六） 其他现金收支情况登记

除以上引起现金流动的项目外，还有一些没有对应项目的，如未交订单罚款、应收账款贴现、高利贷支付的费用等，可以直接记录在"其他现金收支情况登记"项目中。

（十七）现金收入合计

财务总监统计本季度现金收入总额。

（十八）现金支出合计

财务总监统计本季度现金支出总额。其中，第四季度的统计数字中包括四季度本身的和年底发生的。

（十九）期末盘点

为了保证账实相符，企业应当每季期末对企业的现金、原材料、半成品和产成品进行盘点。

盘点时，首席执行官指挥、监督团队成员各司其职，认真进行。如果盘点的余额与账面数一致，各成员就将结果对应地填写在任务清单中。如果账实不符，则找出原因后再按实际数填写。

提示：以上 19 项工作每个季度都要执行。

三、年末工作

企业日常经营活动结束后，年末应进行各种账项的计算和结转，编制各种报表，计算当年的经营成果，反映当前的财务状况，并对当年经营情况进行分析总结。

（一）支付利息／更新长期贷款／申请长期贷款

1. 支付利息

如果长期贷款当年未到期，每桶需要支付 20 M × 10% = 2 M 的利息，财务总监将长期借款利息从"现金库"中取出，置于沙盘上的"利息处"，并做好现金收支记录。长期贷款到期时，财务总监从"现金库"中取出现金归还本金及当年的利息，并做好现金收支记录。

2. 更新长期贷款

如果企业有长期贷款，请财务总监将空桶向"现金库"方向移动一格，当移至"现金库"时，表示长期贷款到期。

3. 申请长期贷款

长期贷款只有在每年年末可以申请。

（二）支付设备维修费

在用的每条生产线需要支付 1 M 的维护费。财务总监取相应现金置于沙盘上的"维修费"处，并做好现金收支记录。

（三）支付租金／购买厂房

企业如果需要购买厂房，财务总监取出与厂房价值相等的现金置于沙盘上的"厂房价值"处；如果租用厂房，财务总监取出与厂房租金相等的现金置于沙盘上的"租金"处。无论厂房是购买还是租用，财务总监应做好相应现金收支记录。

（四） 计提折旧

财务总监从设备价值中取折旧费放置于沙盘上的"折旧"处。不同的生产线每年的折旧额不同。

提示： 计提折旧时只涉及生产线净值和其他费用两个项目，与现金流无关，因此在企业运营任务清单中标注 ( ) 以示区别，计算现金收入／支出合计时不应考虑该项目。

（五） 新市场开拓／ISO 资格认证投资

1. 新市场开拓

市场营销总监向财务总监申请市场开拓费，财务总监取出现金放置在需要开拓的市场区域，并做好现金收支记录。市场开发完成后，市场营销总监从指导教师处领取相应市场准入证。

2. ISO 认证投资

市场营销总监向财务总监申请 ISO 认证费用，财务总监取出现金放置在要认证的区域，并做好现金支出记录。认证完成后，市场营销总监从指导老师处领取 ISO 资格证。

（六） 结账

一年的经营下来，年终要结账，需要编制产品核算统计表、综合费用明细表、利润表和资产负债表。在报表做好之后，指导教师将会取走沙盘上企业已支出的各项成本，为来年做好准备。

复 习 思 考 题

1. 选择题

(1) 在沙盘模拟中，CEO 的岗位职责不包括 ( )。

A. 市场分析   B. 业绩考评管理

C. 突发事件处理   D. 制定广告方案

(2) 参加产品订货会是 ( ) 的职责。

A. 市场营销总监   B. 财务总监

C. 首席执行官   D. 生产总监

(3) 在沙盘模拟中，负责原料采购的是 ( )。

A. 营销总监   B. 财务总监

C. 采购总监   D. 生产总监

2. 综合题

(1) 阐述各部门岗位职责。

(2) 阐述企业的运营流程。

项目四 ERP 沙盘模拟经营规则

学习目标

(1) 了解 ERP 沙盘模拟的市场规则。

(2) 掌握 ERP 沙盘模拟融资的种类和规则。

(3) 了解 ERP 沙盘模拟企业的经营规则。

(4) 参与 ERP 沙盘模拟企业经营过程。

案例思考

市场经济是法治经济，需要良好的秩序，维持秩序的最好方法就是竞争双方都遵守市场规则。那么，在沙盘模拟企业经营过程中，我们需要遵守哪些规则呢？

任务一 市场竞争规则

一、市场划分与市场准入

企业的生存和发展离不开市场这个大环境，谁能抢占市场，谁就能掌握主动，维持企业的高速成长。但是，由于市场环境瞬息万变、竞争关系激烈复杂，因此要求企业管理者掌握好市场规则，把握好市场节奏，才能稳步地经营企业。

市场是企业进行产品营销的场所，企业唯有扩大市场或完全挖掘现有市场潜力，才能扩大销售。在 ERP 沙盘模拟中，企业开始时仅拥有本地市场，还有区域市场、国内市场、亚洲市场、国际市场有待开发，如图 4-1 所示。

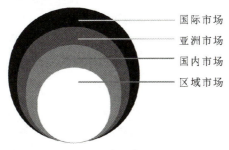

图 4-1 ERP 沙盘模拟市场的区域划分

在现实环境中，企业进行市场开发，一般需要进行市场调查、销售人员招聘、公共关系维护和市场活动策划等一系列前期准备工作，并且由于各个市场开发的难易程度不同，前期所需的资金和时间投入差别也很大。

因此，在 ERP 沙盘模拟中，开发不同市场所需的资金和时间投入也是不同的，具体如表 4-1 所示。

表 4-1　开发不同市场所需的资金和时间投入

市　场	开发费用 /M	开发时间 / 年
本地	1	1
区域	1	1
国内	2	2
亚洲	3	3
国际	4	4

说明：

(1) 各市场开发可同时进行；资金短缺时可随时中断或终止市场开发。

(2) 开发费用均在年末平均支付，且不允许加速投资。

(3) 市场开发累计投资达到要求后，开发完成。

(4) 开发完成后，学生可持开发费用到指导老师处领取相应的市场准入证。

提示：没有相应的市场准入证，企业不允许向该市场投放广告或在该市场进行竞单。

二、会议召开与订单竞争

众所周知，客户订单的获得对企业生存至关重要，企业只有将生产的产品销售出去，才能回笼资金并获得收益，企业才能生存和发展。

销售预测和客户订单是企业生产的依据。销售预测可从商业周刊得到，它对所有企业是公开透明的。客户订单需要企业参加客户订货会取得。

（一）　销售会议

每年年初，各企业的市场营销总监都会参加客户订货会。在会场上，为使本企业的产品能够深入人心，争取到尽可能多的产品订单，市场营销总监需要结合企业自身的现状和目标，投入资金和人力。

（二）　市场地位

市场地位是针对每个市场而言的，即同一企业在不同的市场中，其市场地位可能是不同的。企业的市场地位根据上一年度各企业的销售额排列，销售额最高的企业称为该市场的"市场领导者"，俗称"市场老大"。在后面的订单竞争环节，"市场老大"可以优先选择产品订单。

（三）　广告投放

广告是分市场、分产品投放的。企业只有在相应市场和产品上投放广告，才能进行销售。投入 1M 广告费获得一次选取订单的机会，以后每多投 2M 增加一次选单机会。例如，投入 5M 广告费表示准备拿 3 张订单，但是否能有 3 次拿单的机会则取决于市场需求、竞争态势等;投入 2 M 只能拿一张订单,但一定比投入 1 M 的企业优先拿到订单。

在"广告报价单"(见表 4-2)中,企业按市场、产品决定投放的广告费用。如果希望获得标有"ISO 9000"或"ISO 14000"的订单,企业在相应的栏目中投入 1 M 即可,这 1 M 对该市场的所有产品有效。

表 4-2　广告报价单

市场	本地	区域	国内	亚洲	国际
P1					
P2					
P3					
P4					
ISO 9000					
ISO 14000					
合计					

 知识链接

ISO(International Organization for Standardization,国际标准化组织),是一个全球性的非政府组织。ISO 的宗旨是"在世界上促进标准化及其相关活动的发展,以便于商品和服务的国际交换,在智力、科学、技术和经济领域开展合作"。

ISO 9000 是指质量管理体系标准,它不是指某一个标准,而是一系列标准的统称。ISO 9000 标准是针对组织的管理结构、人员、技术能力、各项规章制度、技术文件和内部监督机制等一系列体现组织保证产品及服务质量的管理措施的标准。

ISO 14000 环境质量管理体系标准是国际标准化组织编制的环境管理体系标准,其标准号为 14001～14100,共 100 个,这些标准号统称为 ISO 14000 系列标准。ISO 环境质量管理体系标准顺应国际环境保护的发展,融合了世界上许多发达国家在环境管理方面的经验,依据国际经济与贸易发展的需要而制定,是一套完整的、操作性很强的体系标准。它的基本思路是预防和减少环境影响,持续改进环境管理工作,消除国际贸易中的技术壁垒。

(四) 客户订单

市场需求用客户订单卡片的形式表示(见图 4-2)。卡片上标注了市场、产品、产品数量、产品单价、订单价值总金额、应收账期、特殊要求等要素。

第2年	本地市场	P1-2/6
产品数量	2个P1	
产品单价	3.5 M/个	
总金额	7 M	
应收账期	3Q	
ISO 9000	加急!!	

图 4-2　客户订单卡片

订单上的账期代表客户收货时的付款方式。若为 0 账期，表示现金付款；若为 2 账期，表示企业收到的是两个季度到期的应收账款。

如果订单上标注了"ISO 9000"或"ISO 14000"，那么要求生产单位必须取得相应认证并投放了认证的广告费。只有两个条件均具备，才能得到这张订单。

提示：

ISO 9000 需要两年完成，ISO 14000 需要至少三年完成，分期投入，每年一次，每次 1M。可以中断投资，但不允许集中或超前投资。

一般情况下，普通订单可以在当年的任一季度交货。若订单卡片上标注有"加急！！"字样，表示企业必须在第一季度交货。因此，市场营销总监接单时要考虑企业的产能。如果不能按照订单交货，企业将受到以下处罚：

(1) 因不守信用，市场地位下降一级，如果上年市场老大没有按期交货，其市场地位下降后，本年该市场没有市场老大。

(2) 下一年该订单必须最先交货。

(3) 交货时扣除该张订单总额的 25％（向下取整）作为违约金。

提示：

如果其他企业有过剩产能，而本企业生产能力不足，则可以考虑向其他企业购买产品以完成订单的交付。

（五）订单竞争

客户订单是按市场、按产品发放的。首先发放本地市场的订单，按 P1、P2、P3、P4 产品顺序发放；其次发放区域市场的订单，也按 P1、P2、P3、P4 产品顺序发放。以此类推。企业的选单次序如下：

(1) 由上一年该市场领导者最先选择订单。

(2) 按每个市场单一产品广告投入量的多少，由其他企业依次选择订单。如果单一产品广告投放相同，则比较该市场两者的广告总投入；如果该市场两者的广告总投入也相同，则根据上一年市场地位决定选单顺序；若上一年两者的市场地位相同，则将采用非公开招标方式，参与企业分别提出具有竞争力的竞单条件，然后由客户选择。

提示：

(1) 每年只有在年初有一次客户订货会。

(2) 无论企业投入多少广告费，每次只能选择 1 张订单，然后等待下一次选单的机会。

任务二　企业经营规则

一、厂房购买、租赁与出售

厂房是企业进行生产经营活动的必要场所。在 ERP 沙盘模拟中，企业可以通过购买或租用的方式获得厂房。大、小厂房在买价、租金、售价及容量上均不相同，企业要根据自身的情况和市场需求作出决策。具体信息如表 4-3 所示。

表 4-3　厂房购买、租赁与出售

厂房	买价	租金	售价	容量
大厂房	40 M	5 M/ 年	40 M(4Q)	6 条生产线
小厂房	30 M	3 M/ 年	30 M(4Q)	4 条生产线

说明：

① 厂房在沙盘模拟中不计提折旧。

② 购买厂房时需一次性支付价款，无后续费用。

厂房可随时按照购买价值出售，得到 4 个账期的应收账款。紧急情况下，出售厂房还可申请贴现。厂房贴现相当于将厂房出售后得到的应收账款直接贴现。

例如，将大厂房贴现后，得到 4 个账期的应收账款 40 M，按照 4 个季度贴现率 12.5% 计算，贴现利息为 5 M。若厂房中无生产线，扣除贴现利息后企业获得 35 M 现金；如果厂房中还有生产线，需要再扣除大厂房租金 5 M/ 年，此时得到的净现金为 30 M。

二、生产线购买、转产与维修、出售

在 ERP 沙盘模拟中，可供选择的生产线主要有手工生产线、半自动生产线、全自动生产线和柔性生产线。不同类型生产线的主要区别在于生产效率和转产的灵活性不同。有关生产线购买、转产与维修、出售的相关信息如表 4-4 所示。

表 4-4　生产线购买、转产与维修、出售

生产线类型	购买价格	安装周期	生产周期	转产周期	转产费用	维修费	残值
手工生产线	5 M	无	3 Q	无	无		1 M
半自动生产线	8 M	2 Q	2 Q	1 Q	1 M		2 M
全自动生产线	16 M	4 Q	1 Q	2 Q	4 M	1 M/ 年	4 M
柔性生产线	24 M	4 Q	1 Q	无	无		6 M

说明：

① 每条生产线都可以生产所有产品。

② 生产线不允许在不同厂房间移动。

③ 资金短缺时，任何时候都可以中断投资。

（一）　生产线购买

购买新生产线时，企业按照安装周期平均支付购买费用。安装周期结束即意味着生产线建成；待下一个季度开始，企业可以领取产品标志，开始生产。例如，新建一条全自动生产线，第一年第一季度开始安装，连续安装四个季度，第一年第四季度结束时安装完成，则在第二年第一季度生产线可以投入使用。

（二）　生产线转产

生产线转产是指生产线转产生产其他产品。例如，半自动生产线原来生产 P1 产品，如果转产 P2 产品，需要改装生产线，此时需要停工一个周期，并支付 1 M 改装费用。

提示：只有空闲并且已经建成的生产线才可转产。

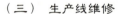

（三） 生产线维修

当年在建的生产线和当年已出售的生产线不用支付维修费，但已建成但当年未投入生产的设备也需要缴纳维修费。生产线按每条 1 M/ 年支付维修费。

（四） 生产线出售

生产线只能按残值出售。出售生产线时，如果生产线净值小于等于残值，将净值转换为现金；如果生产线净值大于残值，将净值中相当于残值的部分转为现金，差额部分作为费用处理，计入综合费用——其他。

提示：

(1) 残值：预计固定资产达到使用年限后的剩余价值。

(2) 生产线净值：生产线原值扣除累计折旧后的剩余价值。

三、产品构成与产品生产

生产不同的产品需要的原材料不同。在盘面上，共有 R1、R2、R3、R4 四种原材料，采购后，分别放入红币、橙币、蓝币和绿币，每个币的价值均为 1 M。各种产品构成及成本如表 4-5 所示。

表 4-5　企业产品构成及成本

产品	产品成本构成		成　本
P1	1 M 加工费	R1	2 M
P2	1 M 加工费	R1 + R2	3 M
P3	1 M 加工费	2R2 + R3	4 M
P4	1 M 加工费	R2 + R3 + 2R4	5 M

每条生产线一次只能生产一个产品。产品上线时需要支付加工费。此外，尽管不同生产线的生产效率不同，但需要支付的加工费是相同的，均为 1 M，用灰币代表。开始生产时按产品构成要求将原材料放在生产线上，然后在支付 1 M 加工费后开始生产。

提示：生产线生产必须有原材料，否则必须停工待料。

四、原材料采购

原材料采购涉及签订采购合同和按合同收料两个环节。签订采购合同应注意采购提前期：R1、R2 订货必须提前一个季度；R3、R4 订货必须提前两个季度。盘面上用空桶表示原材料订货，并将其放在相应的订单上。根据所下采购订单接收相应原材料入库，并按规定付款或计入应付款项。

提示：产品上线时，企业原材料库中如果没有足够的原材料，可以考虑向其他企业购买。

五、产品研发与 ISO 认证

（一） 产品研发

P1 产品是初始阶段各企业都能生产的，其他产品则需要进行研发才能生产。新产品研发投资可以同时进行，按研发周期平均支付研发费用。企业资金短缺时，可以随时中断或终止新产品研发的投资。全部投资完成后的下一个周期方可开始生产。

当年的研发投资计入当年综合费用，新产品研发完成后，企业持全部投资换取产品生产资格证。只有拿到产品生产资格证的企业才能生产相应产品，但是否有产品生产资格证不影响企业参加相应的产品订货会。此外，对于不同的产品，需要投入的研发时间和研发投资是有区别的，如表4-6所示。

表4-6 各种产品研发需要投入的时间和费用

产　品	P2	P3	P4
研发时间	6 Q	6 Q	6 Q
研发投资	6 M	12 M	18 M

（二）ISO认证

随着中国加入WTO，客户的质量意识及环境保护意识越来越强，因此对企业生产的产品是否通过ISO认证越来越关注。不过，对于不同的ISO认证体系，企业花费的时间和费用是不一样的，具体如表4-7所示。

表4-7 各种国际认证需要投入的时间及认证费用

ISO认证体系	ISO 9000质量认证	ISO 14000环境认证
持续时间	2年	3年
认证费用	1 M/年	1 M/年

六、贷款与资金贴现

资金是企业的血液，是企业进行一系列活动的支撑。在ERP沙盘模拟经营中，企业的融资渠道有银行借款、高利贷和应收账款贴现三种。企业的融资规则如表4-8所示。

表4-8 企业融资规则

融资类型	贷款时间	年　息	贷款额度	还款方式
短期贷款	每季季初	5%	上年所有者权益×2 – 已贷短期贷款	到期一次还本付息
长期贷款	每年年末	10%	上年所有者权益×2 – 已贷长期贷款	年初付息，到期还本
高利贷	任何时间	20%	与银行协调	到期一次还本付息
应收账款贴现	任何时间	10%(1季，2季) 12.5%(3季，4季)	不超过应收账款总额	贴现时付息

说明：

① 无论是长期贷款、短期贷款还是高利贷，均以20 M为基本单位。

② 长期贷款最长期限为五年；短期借款及高利贷期限为一年，不足一年的按一年计息。

七、综合费用组成

在ERP沙盘模拟中，企业的行政管理费用、广告费、生产线维修费、厂房租金、生产线转产、市场开拓、ISO 资格认证和产品研发等费用都计入综合费用中，如图 4-3 所示。其中，行政管理费用是企业为了维持企业正常运营发放的管理人员的工资、必要的差旅费、招待费等。

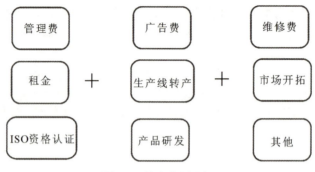

图 4-3　综合费用明细

八、其他重要规则

（一）折旧

固定资产的成本随着逐期分摊，转移到它所生产的产品中去，这个过程称为计提折旧。当年投资的生产线价值计入在建工程，在建工程及当年新建的生产线不计提折旧，从下一年开始计提。折旧方法采用平均年限法，计算公式为

$$每年折旧额 = \frac{原值 - 残值}{使用年限}$$

正在使用的生产线按照平均年限法计提折旧，分 4 年计算折旧。具体折旧信息如表 4-9 所示。

表 4-9　生产线折旧信息

生产线	购置费	残值	建成第 1 年	建成第 2 年	建成第 3 年	建成第 4 年	建成第 5 年
手工生产线	5 M	1 M	0	1	1	1	1
半自动生产线	8 M	2 M	0	2	2	2	0
全自动生产线	16 M	4 M	0	4	4	4	0
柔性生产线	24 M	6 M	0	6	6	6	0

说明：

生产线建成当年不计提折旧，当年卖出的生产线也不计提折旧。

当净值 = 残值时，生产线不再计提折旧，生产线可以继续使用，残值作为资产计入资产负债表。

（二）税费

如果企业当年净利润为负，则当年免交所得税。

如果企业经营盈利，需要按规定上缴税金。所得税额按照弥补以前亏损后的余额为基础计算。企业所得税税率是 25%，向下取整。

任务三　体验物理沙盘模拟企业经营

一、模拟企业的经营状况

学员所要经营的模拟企业是一个已创建3年的制造企业，该企业长期以来一直专注于某行业P系列产品(P1、P2、P3、P4)的生产与销售，目前生产的P1产品在本地市场反映良好，客户也很满意。同时该企业拥有自己的厂房，已安装了3条手工生产线和1条半自动生产线满负荷生产P1产品。

最近，一家权威机构对该行业的发展前景进行了预测，认为P系列产品将会从目前的相对低技术水平发展为一个高技术产品。为了适应技术发展的需要，满足人们日益增长的消费需求，管理团队需要在以后年度创新经营，开发新产品，扩大生产规模，拓展新市场，以实现更好的经营业绩。

二、模拟企业的经营环境

目前，国家经济状况发展良好，消费者收入稳步提高，P行业将迅速发展。然而该企业生产制造的产品几乎全部在本地销售，企业领导认为在本地以外及国外市场上的机会有待发展，希望管理团队去开发这些市场。同时，产品P1在本地市场知名度很高，客户很满意，然而要保持并进一步提升市场地位，企业必须要投资新产品开发，目前已存在一些处于研发中的新产品的项目。在生产设施方面，目前的生产设施状态良好，但是在发展目标的驱使下，预计必须投资额外的生产设施，为此需要建造新厂房或将现有的生产设施现代化。

在行业发展状况方面，P1产品近几年需求较旺，但由于技术水平低，未来市场需求将会逐渐下降。P2产品是P1产品的技术改良版，虽然技术优势会带来一定增长，但随着新技术出现，需求最终会下降。P3、P4产品为全新技术产品，发展潜力巨大。根据一家权威的市场调研机构对未来六年间各个市场需求的预测，其市场分析结果如下。

1. 本地市场分析

本地市场预测如图4-4所示。

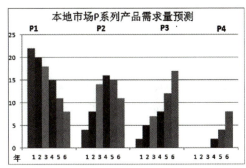
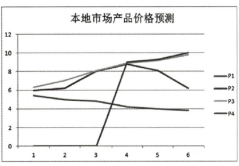

图4-4　本地市场预测图

从图 4-4 可以看出，本地市场将会持续发展，但随着技术水平的进步，客户对 P1 产品的需求量逐年下滑。P2 产品是 P1 产品的技术改良版，技术优势会带来一定增长，但随着高端产品的成熟，其需求量也会下降。而市场对 P3、P4 产品的需求在后几年将会逐渐增大。

2. 区域市场分析

区域市场预测如图 4-5 所示。

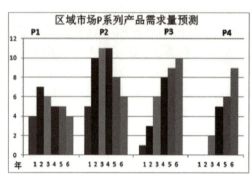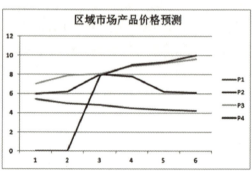

图 4-5　区域市场预测图

从图 4-5 可以看出，区域市场的客户对 P 系列产品需求量的走势与本地市场相似，价格趋势也大致一样。该市场的客户比较乐于接受新的事物，因此对于高端产品也会比较有兴趣。此外，该市场的客户相对比较挑剔，因此，在今后几年客户会对厂商是否通过 ISO 9000 认证和 ISO 14000 认证有较高的要求。

3. 国内市场分析

国内市场预测如图 4-6 所示。

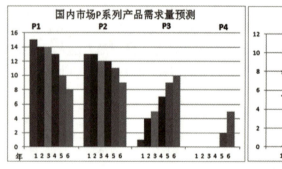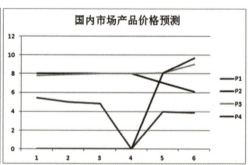

图 4-6　国内市场预测图

从图 4-6 可以看出，相比 P1 产品，国内市场对 P2 产品需求更平稳持久。随着对 P 系列产品新技术的逐渐认可，这个市场上的客户对 P3 产品的需求增长会较快，但对 P4 产品却并不是那么认可。

4. 亚洲市场分析

亚洲市场预测如图 4-7 所示。

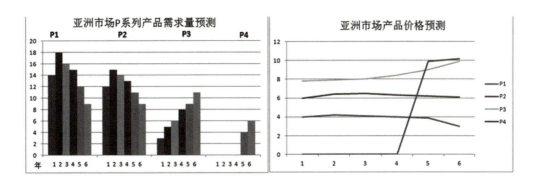

图 4-7 亚洲市场预测图

从图 4-7 可以看出，这个市场上的客户喜好波动较大，不易把握，所以对 P1 产品的需求可能起伏较大，P2 产品的需求走势也与 P1 产品相似。但该市场对新产品很敏感，因此对 P3、P4 产品的需求会发展较快，价格也可能较高。另外，这个市场的消费者很看重产品的质量，所以在以后几年里，如果厂商没有通过 ISO 9000 和 ISO 14000 的认证，其产品可能很难销售。

5. 国际市场分析

国际市场预测如图 4-8 所示。

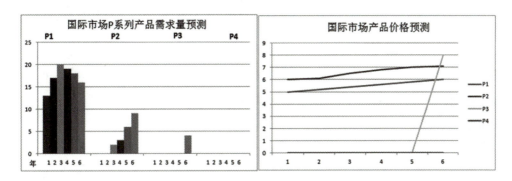

图 4-8 国际市场预测图

从图 4-8 可以看出，企业进入国际市场可能需要一个较长的时期。产品需求主要集中于低端产品，目前这一市场上的客户对 P1 产品的需求会比较旺盛。对于 P2 产品，客户将会谨慎地观察，但仍需要一段时间才能被市场所接受。对于新兴的技术，这一市场上的客户将会以观望为主，因此对 P3 和 P4 产品的需求较少。

三、模拟企业的经营成果及财务状况

企业在一定期间的经营成果表现为企业在该期间所取得的利润，它是企业经济效益的体现，主要通过利润表来表述。企业的财务状况是指资产、负债、所有者权益的构成情况及相互关系，沙盘模拟中主要通过资产负债表来表述。模拟企业上一年的经营成果的利润表见表 4-10，模拟企业财务状况的资产负债表见表 4-11。

表 4-10 利 润 表

项 目	上 年 数
销售收入	35
直接成本	12
毛利	23
综合费用	11
折旧前利润	12
折旧	4
支付利息前利润	8
财务收入／支出	4
其他收入／支出	0
税前利润	4
所得税	1
净利润	3

表 4-11 资 产 负 债 表

资 产	期初数	负债和所有者权益	期初数
流动资产：		负债：	
现金	38	短期负债	0
应收账款	0	长期负债	40
半成品	8	应付账款	0
产成品	6	应交税费	1
原材料	0	一年内到期的长期负债	0
流动资产合计	52	负债合计	41
固定资产：		所有者权益：	
土地和建筑	40	股东资本	50
机器与设备	9	利润留存	7
在建工程	0	年度净利润	3
固定资产合计	49	所有者权益合计	60
资产合计	101	负债和所有者权益合计	101

说明：

① 3 条手工生产线与 1 条半自动生产线账面价值分别为 2 M、2 M、2 M、3 M。

② 长期贷款中有 20 M 剩 3 年时间到期，另外 20 M 剩 4 年时间到期。

复习思考题

1. 选择题

(1) 在沙盘模拟中，只有 (   )，企业才有资格在该市场争取订单。

A. 设置了营销总监　　　　　　　　B. 拥有 3 条以上的生产线

C. 投放了广告　　　　　　　　　　D. 获得市场准入许可证

(2) (   ) 是企业生产的依据。

A. 销售预测和客户订单　　　　　　B. 战略决策与生产规划

C. 原材料库存及采购计划　　　　　D. 产品定位及市场预测

(3) 在沙盘模拟中，企业可以通过 (   ) 的方式获得厂房。

A. 仅购买　　　　　　　　　　　　B. 仅租用

C. 购买或租用　　　　　　　　　　D. 自己建造

2. 综合题

(1) 参加订货会，选单次序是如何规定的？

(2) 在什么情况下本年不用缴纳设备维修费？

项目五　企业模拟运营实战

 学习目标

(1) 了解企业实际生产经营的基本流程和需要解决的问题。

(2) 掌握各种表格编制的原理与方法。

(3) 掌握模拟运营的基本流程，理解运营中各个步骤的决策方法与原理，并能运用到决策中。

任务一　运营工作内容

企业每个年度运营之前，首先由 CEO 组织召开经营会议，各角色预测相关数据并将其填入表格，提出各部门当年计划，然后根据模拟企业的发展战略，结合以前年度经营中的经验和存在的问题，讨论确定本年度重要决策和经营计划，包括资金（融资）计划、原材料采购计划、产品投产计划、生产线投资计划、订单执行计划、市场开拓计划、新产品研发计划、企业合作计划、广告投入计划等，并将计划细分到年初、每个季度及年末，填入经营计划表，形成会议记录。运营工作根据经营计划表及任务清单的步骤进行，运营内容涉及年初、日常运营及年末工作等。下面介绍运营工作的基本流程以及涉及的相关表格填制的原理与方法。

一、年初工作

（一）　支付上年应付税款

根据上年度资产负债表中"应交税金"项目的"期末数"，财务总监从现金中拿出相应金额放在沙盘盘面"税金"位置。

（二）　支付当年广告支出

(1) 确定当期广告投入数量。支付本期广告支出前，应综合考虑各种因素，确定当期广告投入数量。生产总监预估每条生产线（包括在用的和本期建成可以投入使用的）本期产能，填入产能预估表，并汇总计算各个季度各种产品的存量，结合本年度取得的订单，计算填列产品库存量预估汇总表；营销总监分析已开拓市场的市场预测资料以及以前年度各模拟企业的市场占有情况，确定本期销售的目标市场和广告投入量，填入竞标投入单。

(2) 支付当年广告支出。财务总监根据经营计划确定的广告投入金额，从现金中拿出相应金额放在费用计提区"广告费"位置。

（三）　登记销售订单

根据预计的各种产品各期的库存量选择订单，登记到销售订单登记表中，计算成本及毛利，将订单放置到沙盘盘面订单区指定位置。

二、日常工作

每个季度根据年初讨论的主要决策，按以下步骤运营：

（一）　申请短期贷款、更新短期贷款、还本付息

(1) 申请短期贷款。根据年初制定的经营计划、本年度取得的销售订单、盘面情况等，编制现金预算表 (见表 5-1)，据此确定短期贷款的数量及期限，财务总监将借得的现金、短期贷款筹码分别放置于现金池和短期贷款对应位置。

表 5-1　现 金 预 算 表

项　目	第 1 季度	第 2 季度	第 3 季度	第 4 季度
期初现金 (+)				
变卖生产线 (+)				
变卖原材料 (+)				
变卖厂房 (+)				
应收账款到期 (+)				
支付上年应交税				
广告费投入				
贴现费用				
利息、(短期贷款)				
支付到期短期贷款				
原材料采购支付现金				
转产费				
生产线投资				
生产费用				
产品研发投资				
支付行政管理费用				
利息、长期贷款				
支付到期长期贷款				

项　目	第 1 季度	第 2 季度	第 3 季度	第 4 季度
维修费用				
租金				
购买新建筑费用				
市场开拓投资				
ISO 认证投资				
其他费用				
现金余额				
需要新贷款				

(2) 更新已有的短期贷款。财务总监将已有的短期贷款筹码向现金区移动 1 个周期。

(3) 还本付息，即偿还到期的短期贷款及利息。财务总监用现金归还当期到期的短期贷款本金（将现金和负债筹码交给老师），从现金中取出应归还的利息放置于沙盘盘面费用计提区"利息"位置。

（二）　更新应付款、归还应付款

(1) 更新应付款。财务总监将负债区应付账款向现金区方向移动 1 个周期。

(2) 归还应付款。财务总监从现金中取出到期的应付款数额，与应付账款筹码一起交给老师。

（三）　更新原材料订单、原材料入库

(1) 更新原材料订单。采购总监将原材料订单区的订单向原材料区方向移动 1 个周期，如原材料订单在 2Q 位置，就将其移动到 1Q 位置。

(2) 原材料入库。对于已到期的原材料订单（当期在 1Q 上的原材料订单），由采购总监向财务总监申请获得现金（根据实际采购数量也可以使用应付账款，具体参见项目四模拟运营规则），用现金和订单买回原材料，放到沙盘盘面原材料区指定原材料仓库。

（四）　下原材料订单

(1) 确定各种原材料需要下的订单数。首先根据各条生产线的产出计划和投产计划确定每条生产线各期生产需要的各种原材料数量；其次根据上述计算结果确定采购时间及数量；最后将计算结果填入原材料采购计划汇总表（见表 5-2）。

表 5-2　原材料采购计划汇总表

原材料	第 1 季度	第 2 季度	第 3 季度	第 4 季度
R1				
R2				
R3				
R4				

(2) 下订单。生产总监每个季度根据表 5-2 确定的各期采购的数量,拿回相应原材料的订单筹码放到沙盘盘面的原材料订单区指定原材料名称的位置。

（五）　更新生产、完工产品入库

(1) 更新生产。由生产总监将生产线上的在产品向成品库方向移动 1 个周期,如当前在产品在手工线第 1 期位置,更新生产时就将其移动到第 2 期位置。

(2) 完工产品入库。生产总监将下线的产品移动到沙盘盘面的成品库区指定产品名称位置,如当前在产品 P1 在手工线第 3 期位置,完工入库时就将其移动到成品库 P1 区位置。

（六）　投资新生产线、生产线改造、变卖生产线

(1) 投资新生产线。生产总监根据企业战略规划提出生产线建设方案,并进行生产性投资的可行性论证,根据论证结果确定生产线类型 (参见项目四模拟运营规则)。

选择好生产线以后,按相关数据要求由生产总监向老师购入生产线并将其放置到沙盘盘面厂房及生产线区 (安装好以前反面向上),并按安装周期分期向财务总监取得现金,然后将其放置到对应生产线上。安装好以后,即可投入生产。

(2) 生产线改造。各种生产线除柔性生产线和手工生产线可以加工任意产品以外,其他生产线在建设时需要确定生产产品的名称。若要转产其他产品,则需要停产改造,并支付相关费用。生产总监将要改造的生产线停产相应周期,从现金中取出相应的改造费用放置于沙盘盘面的费用计提区“转产费”位置,并改换生产产品的名称。

(3) 变卖生产线。对于不用的生产线可以变卖,变卖前先计提当年折旧,然后按照生产线信息、“出售残值”的金额取得现金。生产总监将计提的折旧从生产线价值中取出放置于盘面的“折旧”处,剩余的净值放置于盘面费用计提区的“其他”处,按出售生产线残值的金额取回等额现金筹码放置于盘面“现金”区,计入企业的营业外收益,并将生产线从厂房移除。

（七）　开始下一批生产

生产线空出以后,不需要改造或变卖的生产线可以继续用于相应产品的生产。生产总监按产品结构图和产品加工费用表分别从原材料区和现金区取得原材料和现金放置于生产区对应生产线的第 1 个生产周期。

（八）　产品研发投资

技术总监根据战略规划分析各种产品的获利能力、市场前景及竞争情况等,确定未来研发的产品。根据经营计划,从现金区取得现金放到产品开发区对应产品位置,在 P2 的研发中每季度放一个,放满 4 个则研发成功,在 P3 和 P4 的研发中每季度需要投放两个,放满则表示研发成功。研发成功后可以正式投产。

（九）　更新应收账款、应收账款收现

财务总监每个季度将盘面“应收账款”区的应收账款向现金区移动 1 个周期,原来在 1Q 的直接放到现金区。

（十）　按订单交货

每个季度由营销总监确定订单执行计划，根据前面章节表的信息登记的订单从成品库取得对应产品按时交货，并按订单上的金额取得现金或应收账款，放在盘面的"现金"区或"应收账款"区对应账期。

（十一）　支付行政管理费用

各个季度由财务总监从现金区拿出现金 1M 放置于盘面的"行政管理费用"区对应季度。

三、年末工作

（一）　申请长期贷款、更新长期贷款、支付利息、到期还本付息

(1) 申请长期贷款。根据企业战略规划、年初制定的经营计划和各种预算确定长期贷款的数量及期限，财务总监将借得的现金、长期贷款筹码分别放置于盘面"现金"区和贷款区"长贷"对应位置。

(2) 更新长期贷款。财务总监将已有的长期贷款筹码向现金区移动，如将当前处于 4Y 位置的筹码移动到 3Y 位置。

(3) 支付利息。财务总监计算当期应支付的长期贷款的利息（包含当期到期的贷款利息），从现金区取出应归还的利息放置于盘面的"利息"处。利息计算公式如下：

$$当年应支付的长期贷款利息 = 年初长期贷款金额 \times 10\%$$

(4) 到期还本付息。对于当前处在 1 Y 的长期贷款，即长期贷款到期，需要偿还本金和支付利息。由财务总监从"现金"区拿出对应的金额，与长期贷款筹码一起交与老师，并从现金中取出对应的利息额放在盘面"利息"处。

（二）　支付设备维护费

财务总监按照各种生产线信息表汇总计算当期应支付全部在用生产线的维护费用，从"现金"区取出相应金额放置到盘面的"设备维修费"指定位置。

（三）　支付租金、购买建筑物

生产总监根据战略规划决定购入或租用厂房；财务总监根据厂房信息确定租入厂房应付租金数量或购入建筑的售价，并从现金区取出相应金额放置到盘面的"租金"位置或厂房"价值"处。

（四）　折旧费

财务总监按照直线法计提生产线折旧。其计算公式如下：

$$年折旧额 = 原值 \div 使用年限（\leq 5 年）$$

生产总监按计算结果或各种生产线折旧信息从各条生产线净值中取出对应数量筹码放置于盘面的"折旧"处。已计提折旧的生产线可以继续使用、不再计提折旧。

（五）　新市场开拓投资、ISO 资格认证投资

营销总监在充分分析市场资料的基础上，确定市场开拓的战略规划，并将其细分到每年的经营计划中。各年度末根据年初制定的经营计划，从现金区拿出现金放置到需要开拓

的目标市场和 ISO 认证区，市场开拓结束后就可以在该市场上销售产品。ISO 认证完毕，可以取得需要相应认证的订单。

（六）关账

模拟经营结束以后，可以根据模拟经营的结果计算填列相关报表，并由相关角色分析、总结当年运营的经验及存在的问题。

(1) 根据本期模拟经营的结果，计算编制相关报表。

① 综合管理费用明细表。根据本年末盘面的费用计提区相关项目盘面金额和研发区各个项目下放置的现金数量填制综合管理费用明细表。

② 利润表。根据销售订单登记表、盘面费用计提区相关项目盘面金额和经营结果计算并填制利润表。

③ 资产负债表。根据模拟经营结果的盘面情况和利润表计算、编制资产负债表。

(2) 各个角色总结经验教训，形成年末工作总结。

任务二 手 工 沙 盘

一、手工沙盘模拟企业经营初始盘面与年初财务报表

手工沙盘模拟企业经营初始数据如图 5-1、表 5-3、表 5-4 所示。

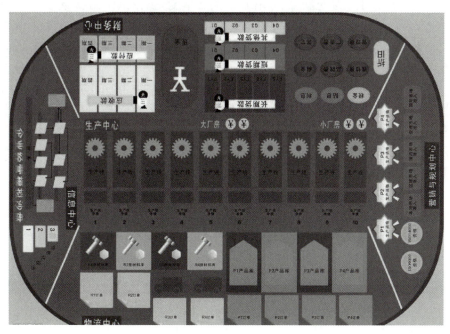

图 5-1 模拟企业经营初始年盘面示意图

按项目四所列经营规则分析如下：

(1) 营销与规划中心：如图 5-1 所示，说明该模拟企业四种产品的研发资格中，只取得

P1 产品的生产资格；五种销售市场中，只开拓本地市场销售渠道；尚未取得 ISO 资格认证。

(2) 生产中心：如图 5-1 所示，模拟企业拥有大厂房，价值 40 万，大厂房可容纳 6 条生产线，已有 4 条线在产 P1 产品；4 条生产线净值共计 13 万，其中 3 条手工生产线净值均为 3 万。根据生产线折旧表所述规则，每条手工生产线购置费 5 万，残值 1 万，折旧共计 4 万，折旧 4 年（建成当年不提折旧），每年折旧 1 万。说明模拟企业每条手工生产线已计提折旧 2 万（5-2=3），去年 3 条手工生产线折旧共计 3 万，接下来还有 2 年要计提折旧，每年 1 万。而 1 条半自动生产线净值为 4 万，根据生产线折旧表所述规则，半自动生产线购置费 8 万，残值 2 万，折旧共计 6 万，折旧 4 年（建成当年不提折旧），前 2 年每年折旧 2 万，后 2 年每年折旧 1 万。说明该模拟企业目前已计提折旧 4 万（8-4=4），去年半自动生产线折旧 2 万，接下来 2 年要计提折旧，每年 1 万。

而另一方面，生产中心 4 条生产线上均在产 P1 产品，在产品价值共计 8 万。手工生产线生产周期为 3Q，半自动生产线生产周期为 2Q，每条生产线每期更新生产，直到生产周期完成时产品完工入库，可继续上线生产下一个产品，或出售手工生产线而新建其他生产线。

如图 5-1 所示，第 1 条线上 P1 产品已投产 1Q，本年第 1 季度更新至 2Q 在产，第 2 季度更新至 3Q 在产，第 3 季度产品完工入物流中心成品库，第 3 季度可继续上线生产下一个产品，则明年第 2 季度将再完工入库 1 个 P1 产品，当然也可以出售手工线，新建其他生产线。以此类推，第 2 条线 P1 产品将在第 2 季度完工入库，如果继续投产则明年第 1 季度将再完工入库 1 个 P1 产品；第 3 条线 P1 产品将在第 1 季度完工入库，如果继续投产则第 4 季度将再完工入库 1 个 P1 产品，即 3 条手工生产线本年共计可产出 4 个 P1 产品。半自动生产线第 1 季度更新至 2Q 在产，第 2 季度完工入库，如果继续投产 P1 产品，则进入 1Q 在产，第 3 季度更新至 2Q 在产，第 4 季度完工入库。即 1 条半自动生产线本年产出 2 个 P1 产品，说明该模拟企业 4 条生产线生产能力共计可产出 6 个 P1 产品，简称产能为 6 个 P1。

(3) 物流中心：如图 5-1、表 5-3、表 5-4 所示，原料库存 3R1，价值 3 万；成品为 3P1，价值 6 万。已下 2 个 R1 订单，将于第 1 季度入库，并付原材料款 2 万。另外，根据预算今年的产能 6P1 和成品库存 3P1，说明模拟企业可供销售 P1 产品共计 9 个，可提供给营销与规划中心，据以分析市场数据决定营销策略，具体包括决定投放广告数额及选取本地市场销售订单。

(4) 财务中心：如图 5-1 所示，说明该模拟企业已拥有现金 40 万；3Q 应收款 25 万，将在下一年 2Q 回款；贷款 40 万，其中 4Q 20 万，5Q 20 万，意味着年初将付长期借款利息 4 万。如表 5-4 所示，应付税 1 万，意味着年初将付所得税 1 万。

表 5-3 2021 年利润表　　　　　　　　　　　　　　　　单位：万元

项 目		本 年 数
销售收入	+	
直接成本	−	
毛利	=	
综合费用	−	

续表

项　目		本　年　数
折旧	=	
折旧前利润	-	
支付利息前利润	=	
财务费用		
税前利润	=	
所得税	-	
净利润	=	

表5-4　2021年12月31日资产负债表　　　单位：万元

资　产		期末数	负债+所有者权益		期末数
流动资产：			负债：		
现金	+	40	长期负债	+	40
应收款	+	25	短期负债	+	
在制品	+	8	应付款	+	
成品	+	6	应交税	+	1
原材料	+	3			
流动资产合计	=	82	负债合计	=	41
固定资产：			所有者权益：		
土地和建筑物	+	40	股东资本	+	80
机器与设备	+	13	利润留存	+	11
在建工程	+		年度净利	+	3
固定资产合计	=	53	所有者权益合计	=	94
总资产	=	135	负债+所有者权益	=	135

　　此外，财务总监根据盘面和经营规则还必须明确当年的收入、费用和现金流状况，因为经营亏损破产和资金链条断裂都会导致企业退出市场。如上所述，模拟企业当年可销售9个P1产品，会产生收入。当年的费用中折旧4万不产生现金流出，但当年必须支付的费用除了利息和所得税以外，还有广告费、管理费和设备维护费。即每季度经营要支付管理费1万；生产中心4条生产线，每条生产线年末要支付设备维护费1万。而产品研发，市场开拓、ISO认证费，转产费，厂房租金等费用视经营需要而定。

二、手工沙盘模拟企业运营流程

　　完成盘面初始设置并进行数据分析后，运营前要先做好今年甚至以后年份的财务预算，才能进行这一年的运营。手工沙盘模拟企业运营将全年的业务划分为年初业务、年中业务(4个季度)和年末业务三个部分。企业运营流程如表5-5所示。

表 5-5　企业运营流程表　　　　　　　　　　单位：万元

企业经营流程 请按顺序执行下列各项操作。	每执行完一项操作，CEO 请在相应的方格内打勾。 财务总监（助理）在方格中填写现金收支情况			
年度规划会议				
广告投放				
参加订货会 / 登记销售订单				
支付应付税				
支付长期贷款利息				
更新长期贷款 / 长期贷款还款				
申请长期贷款				
季初现金盘点 (请填余额)				
更新短期贷款 / 还本付息				
申请短期贷款				
更新应付款 / 归还应付款				
原材料入库 / 更新原材料订单				
下原材料订单				
购买 (租用) 厂房				
新建生产线 / 在建生产线 / 生产线转产 / 变卖生产线				
更新生产 / 完工入库				
开始下一批生产				
更新应收款 / 应收款收现				
按订单交货				
产品研发投资				
出售厂房				
支付行政管理费				
出售库存 (随时)				
应收款贴现 (随时)				
缴纳违约金 (随时)				
新市场开拓				
ISO 资格认证投资				
支付设备维护费				
计提折旧				
现金收入合计				
现金支出合计				
期末现金对账 (请填余额)				

（一）　年初业务

1．年度规划会议

年度规划会议在每运营年度开始时召开。一般由团队的 CEO 主持召开，会同团队中的采购、生产、销售等负责人一起进行全年的市场预测分析、广告投放、订单选取、产能扩张、产能安排、原材料订购、订单交货、产品研发、市场开拓、筹资管理和现金控制等方面的分析和决策规划，最终完成全年运营的财务预算。会议结束后，模拟企业 CEO 在企业运营流程表此项中打钩表示完成。

以教学年（起始年）为例，模拟企业（各组）均假设年度规划会议结果如下：不进行任何贷款；不投资新的生产线；不进行产品研发；不购买新厂房；不开拓新市场；不进行 ISO 认证；每季度下 1 个 R1 原材料的采购订单；生产持续进行。

2．支付广告费

根据年度规划会议研究的结果，模拟企业年初由营销总监投放广告。假设本地市场上没有市场竞争，每组支付 1 万广告费都能拿到一个订单。操作时，现金区取 1 个钱币放入广告费处。财务总监在企业运营流程表广告费处登记"-1"。

3．参加订货会选订单 / 登记销售订单

各模拟企业营销总监代表企业参加订货会。假设每张订单内容相同，每张订单如图 5-2 所示。每组各拿到一张订单。

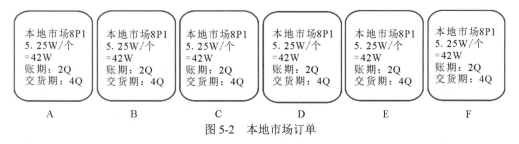

图 5-2　本地市场订单

模拟企业营销总监在企业运营流程表此项中打钩表示完成，并填写表 5-6。

表 5-6　订单登记表

订单号	LP1-1/6								合计
市场	本地								
产品	P1								
数量	8								
账期	2Q								
销售额	42 万								
成本	16 万								
毛利	26 万								
未售									

4．支付所得税

模拟企业年初由财务总监交纳上年应交的所得税。操作时从现金区取出 1 个钱币，交到交易区 (教师扮演)。财务总监在企业运营流程表支付应付税处登记"-1"。注意每年企业根据净利润结合以前年度亏损计算出的所得税，产生当年的税金费用，将钱币放在税金处，但无须支付现金，形成企业流动负债，需要在下一年年初支付。

5．支付长期贷款利息

根据长期贷款规则，每年长期贷款未到期无须还本，但需要在年初支付利息。企业长期贷款共计 40 万，利息 4 万。操作时从现金区取出 4 个钱币，放到利息处。财务总监在企业运营流程表支付长期贷款利息处登记"-4"。

6．更新长期贷款 / 长期贷款还款

如果模拟企业有长期贷款，财务总监在操作时将空桶依次向现金区方向移动一格。例如，上年度空桶在"FY5"处，本年度则需要将空桶移至"FY4"处。更新完成后，财务总监在企业运营流程表中打钩表示完成。当空桶移至"FY1"处时，应将此处的长期贷款在资产负债表的"一年内到期的长期负债"栏目中列示。

当长期贷款移至现金区时，表示长期贷款到期，财务总监应从现金区中取出现金归还贷款本金，并做好现金支出记录。

7．申请长期贷款

长期贷款只能在年初申请。本年假设不进行长期贷款，财务总监在企业运营流程表中画"—"。

（二） 年中业务

年中业务按时间阶段划分为 4 个季度 (Q)，且每个季度都有以下 17 项工作任务，执行时每季按顺序依次进行，并在企业运营流程表中记录运营情况：完成的事项打钩；无须办理的事项画"—"；涉及现金收支记录金额，收正数表示、支负数表示。

1．季初现金盘点

年初业务结束，现金由最初的 40 万，支付广告 1 万，支付所得税 1 万，支付长期借款利息 4 万后，余额为 34 万。财务总监在企业运营流程表季初现金盘点处填入"34"，数据详见表 5-7，沙盘摆放如图 5-3 所示。

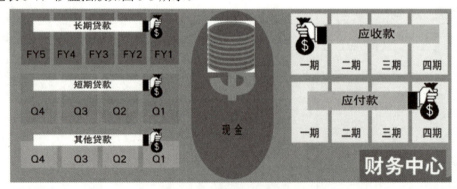

图 5-3　现金盘点示意图

2. 更新短期贷款 / 还本付息

更新短期贷款，财务总监将空桶向现金区域移动一格。归还短期贷款本息时将现金放入空桶交回至交易区 (教师扮演)。本教学案例假设模拟企业无短期贷款，财务总监在企业运营流程表此处画 "—"。

3. 申请短期贷款

申请短期贷款时从交易区取得钱币放入现金区，将空桶放在短期贷款 Q4 处，并将贷款金额写在纸条上放入空桶中，财务总监在企业运营流程表此处填入贷款金额。本教学案例假设模拟企业不申请贷款，财务总监在企业运营流程表此处画 "—" (见表 5-7)，沙盘摆放如图 5-4 所示。

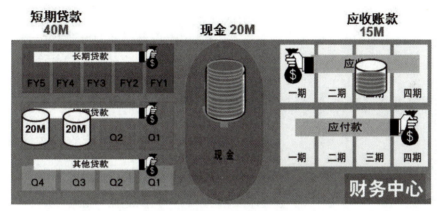

图 5-4　申请短期贷款示意图

4. 更新应付款 / 归还应付款

沙盘模拟企业经营规则一般假定购入的原材料在入库当期支付原材料款，则模拟企业不产生应付款及应付款的按期更新，财务总监在企业运营流程表此处画 "—"。如果购买原材料时因延期付款产生应付款，操作比照申请短期贷款。

5. 原材料入库 / 更新原材料订单

当供应商 (教师扮演) 按采购订单将原材料运抵企业时，企业必须无条件接收原材料并按采购订单支付原材料款。本教学案例采购总监将原材料订单区中的 2 个空桶向原材料库方向推进一格，到达原材料库时，向财务总监申请原材料采购款 2W 支付给供应商 (教师扮演)，换取 R1 红币 2 个置于空桶放入原材料库中。财务总监在企业运营流程表此处填写 "-2W"。

由于 R3、R4 原材料采购提前期为 2Q，第 1 季度 (Q1) 下的订单，到第 2 季度 (Q2) 时，需要更新原材料订单，即由采购总监将原材料订单区中的空桶由 Q1 推进到 Q2，表示原材料在途 (注：2Q 代表 2 个季度，Q2 代表第 2 季度)。

6. 下原材料订单

采购总监根据生产计划结合原材料库存制订采购计划。每个空桶代表 1 个某种原材料订单，本教学案例要求模拟企业每季下 1 个 R1 原材料订单，将 1 个空桶放置于 R1 原材料订单处，采购总监在企业运营流程表此处填写 "1R1"。财务总监根据采购总监提供的原材料入库时间计算每期原材料付款金额，准备付款。

7. 购买（租用）厂房

购买厂房时，财务总监从现金区取出现金放置到厂房价值处，计入资产负债表土地和建筑物项目中；租用厂房将现金放置到租金处，租金计入利润表租金项目中。如果一年租期已满决定续租，租金在租厂房当季季末支付。生产总监在企业运营流程表此处记录现金支出金额。本教学案例假设模拟企业已拥有大厂房，无需购买或租用小厂房。生产总监在企业运营流程表中此处画"—"即可（见表 5-7），沙盘摆放如图 5-5 所示。

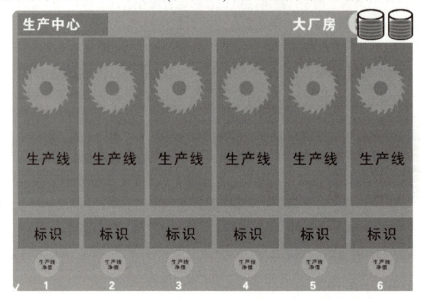

图 5-5　购买厂房示意图

8. 新建生产线/在建生产线/生产线转产/变卖生产线

新建生产线时，生产总监向设备供应商（教师扮演）领取产品标识和生产线标识背面向上放置于该生产线处，并在上面放置与该生产线安装周期数相同的空桶。每季度向财务总监申请相应投资额度的钱币放于每个空桶中，投资额度 = 设备购买价值 ÷ 安装周期。财务总监在企业运营流程表此处记录现金收支情况。例如新建 4 条全自动线，其中 2 条生产 P3 产品，另外 2 条生产 P4 产品，安装周期为 4Q，总投资额 16 万。背面向上的生产线标识上放 4 个空桶，第 1 期新建投资 4 万，在每个空桶中放 4 个钱币。第 2 期在建生产线，在每个空桶中放 4 个钱币。以此类推，直至 4Q 投资额满，第 5 期安装完成，将标识和生产线标识翻牌，可上线生产 P3 和 P4 产品，如图 5-6 所示。

手工线和柔性线可生产任何品种的产品，因此不需要进行转产。但根据生产线规则表所述，半自动线和全自动线生产的某种产品完工下线准备转产另一种产品时，会产生转产期和转产费。全自动线转产期 2Q，转产费 4 万，半自动线转产期 1Q，转产费 1 万。转产时由生产总监将生产线标识和产品标识翻转背面向上，放相应数量空桶，每期支付转产费时，从现金区取出现金放入空桶中，直至转产投资结束。下一个季度翻转生产线标识，并领取新的产品标识，可生产新产品。

产品完工入成品库，该生产线也可以变卖，规则前面已说明不再赘述。

本教学案例假设模拟企业没有此项业务，生产总监在企业运营流程表中此处画"—"

即可。

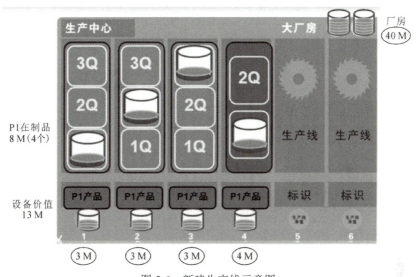

图 5-6　新建生产线示意图

9. 更新生产 / 完工入库

生产按期推进更新，由生产总监将各生产线上的在制品按生产进程向前推进一格，在企业运营流程表打钩或填写完工入库的产品即可。当生产周期已满，该产品完工下线，将产品放置于相应的产品成品库中。

本教学案例第 1 季度经营时第 1 条线 P1 产品更新至 2Q 在产；第 2 条线 P1 产品更新至 3Q 在产；第 3 条线完工入库，P1 产品库增加 1 个 P1 产品；第 4 条线 P1 产品更新到 2Q 在产。

10. 开始下一批生产

当生产更新至完工入库，该空生产线可开始生产新产品。由生产总监按照物料清单所示的产品结构所需原材料，从原材料库领出原材料，再向财务总监申请并支付产品加工费，将上线产品摆放到第 1 产程 (1Q) 处。本教学案例第 1 季度第 3 条线完工 1 个 P1 产品，此时该生产线可开始下一批生产，即从 R1 原材料库中领用 1R1，并从现金库取出 1 万，置于空桶中放置于第 3 条线的 1Q 处。财务总监在企业运营流程表此处填写"–1"。

11. 紧急采购

新产品上线生产，原材料库中必须备有足够的对应原材料，否则会停工待料。此时采购总监可以考虑紧急采购方式加以补救。紧急采购可随时进行，原材料直接入库，入库时付款是双倍的原材料款，多付的 1 倍原材料款计入其他损失。例如，紧急采购 1R1，需要付款 2 万。其中 1 万放入综合费用区其他损失处；另 1 万从供应商处 (教师扮演) 换取 1R1 原材料。如果交货时急需紧急采购成品，则需要支付 3 倍的货款。财务总监做好现金收入记录。本教学案例未发生此业务，财务总监在企业运营流程表此处画"—"。

12. 更新应收款 / 应收款收现

订单账期一般有 0Q、1Q、2Q、3Q、4Q 五种。如果是 0Q，则当期就收款，如果是延期收款，则需逐期更新应收款，直至到期收现。更新时财务总监将应收款向现金区方向推进一格。当推进到现金区时，应收款变为现金，财务总监做好现金收入记录。本教学案例期初 3Q 应收款更新为 2Q，财务总监在运营流程此处打钩。

13. 按订单交货

营销总监按销售订单约定的时间、品种、数量将产品出售给客户（教师扮演）。交货时营销总监携带销售订单和产品到客户（教师）处销货。如果订单为 0 账期，则将现金交给财务总监将现金置于现金区并做好现金收入记录。如果订单为非 0 账期，即形成 N 期应收款，将现金交给财务总监，财务总监将现金置于应收款对应账期上，财务总监还应在订单登记表中核算该订单的成本和毛利。

如果不能按期交货，则造成违约，财务总监计算违约金并将所付现金放入综合费用区的其他损失处。本教学案例本期不交货，财务总监在企业运营流程表此处画"—"。

14. 出售厂房 / 应收款贴现 / 出售库存

当模拟企业资金不足时，可以随时通过出售厂房、应收款贴现、出售库存来融通资金。

(1) 出售厂房：财务总监将厂房价值（灰币）放置到 4Q 应收款处。紧急情况下可直接将厂房贴现 (4Q)，扣除贴息后得到现金放置于现金处，贴息放置于贴息处。大厂房 40 万，4Q 应收款贴现率为 12.5%，贴息 = 40 × 12.5% = 5 万。出售厂房时厂房内尚有生产线，自动转为租赁，则企业需要支付相应的租金。财务总监从现金区取出现金，放入综合费用区租金处。

(2) 应收款贴现：财务总监将应收款扣除贴息后的现金放置于现金处，贴息放置于贴息处。1Q、2Q 应收款贴现率 10%，3Q、4Q 应收款贴现率 12.5%，各账期分开计息，计算利息时四舍五入。

(3) 出售库存：原材料打八折出售，产成品按成本价出售，计算时向下取整。由采购总监将原材料或产成品放入交易区（教师扮演），收回的钱币交给财务总监放到现金区。出售原材料的损失放入综合费用区其他损失处。

本教学案例本期未发生此类业务，财务总监在运营流程此处画"—"。

15. 产品研发投资

生产总监根据模拟企业在年初时制定的产品研发计划，每一期向财务总监申请支付研发资金，并将其放置到生产资格区的相应产品生产资格位置，财务总监同时做好现金支出记录。产品研发投资至最后一期完成，到下一期领取相应产品的生产许可证并可上线生产，如图 5-7 所示。

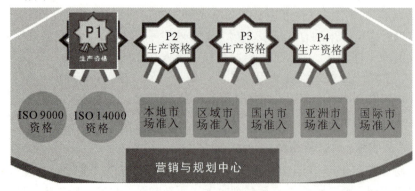

图 5-7　产品研发示意图

本教学案例本期未发生产品研发业务，财务总监在企业运营流程表此处画"—"。

16. 支付行政管理费

管理费用是模拟企业支付的公司管理人员的工资等管理机构的日常经费，每季1万。财务总监取出1万放置到综合费用区域的"管理费"处，并做好现金支出记录。本教学案例财务总监在运营流程此处登记"−1"，如图5-8所示。

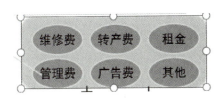

图 5-8 支付行政管理费示意图

17. 季末现金盘点及对账

至此，年中第1季度的正常业务运营基本完成，本季末现金对账无误后，进行第2～第4季度年中业务运营，每季末财务总监要进行现金盘点及对账。年末核对无误的现金余额是填写资产负债表库存现金的依据。

涉及本季现金收入的业务一般包括取得短期贷款、应收款收现或贴现、出售库存、厂房贴现、出售生产线等。本教学案例本季现金收入为0。涉及本季现金支出的业务一般包括归还短期贷款及利息、原材料采购入库时支付货款、厂房购置或租赁、生产线投资及转产、支付产品上线加工费、支付新产品研发费、支付行政管理费、支付违约金等。本教学案例本季现金支出为支付原材料款2万、支付第3条生产线开始下一批生产的加工费1万、支付本季行政管理费1万，共计2+1+1=4万。季初现金为34万，季末现金盘点余额=34+0−4=30万。财务总监在企业运营流程表"现金收入合计""现金支出合计""期末现金对账"处填写数据，并对盘面现金区的库存现金进行核对。

（三）年末业务

1. 新市场开拓

营销总监根据模拟企业年初制定的市场开拓计划，按市场开拓规则向财务总监申请取出现金放置于开拓的市场区域，财务总监做现金支出记录。市场开发完成后，从市场监督处（教师扮演）领取相应的市场准入证放置到相应的市场准入资格处，下一年度可在新开拓的市场投放广告选取订单。

本教学案例本期未发生新市场开拓业务，财务总监在企业运营流程表此处画"—"。

2. ISO 资格认证投资

营销总监根据模拟企业年初制定的ISO资格认证投资计划，按ISO认证规则向财务总监申请取出现金放置于要进行ISO认证的区域，财务总监做现金支出记录。认证完成后，从国际认证机构（教师扮演）领取相应的ISO资格证放置到相应的ISO认证资格处，下一年度可在市场选取有ISO认证条件的订单。

本教学案例本期未发生ISO资格认证投资业务，财务总监在企业运营流程表此处画"—"。

3. 支付设备维护费

根据生产线规则表，模拟企业在用的每条生产线每年需要支付 1 万设备维护费。本教学案例财务总监取 4 万现金放置于综合费用区域的"维护费"处，并在企业运营流程表此处填写"–4"。

需要注意的是，第 4 季度生产线变卖且没有上新生产线或第 4 季度新生产线没有安装完成翻牌，则无须支付设备维护费。但处于转产期的生产线仍需要支付设备维护费。

4. 计提折旧

模拟企业厂房不提折旧，生产线设备每年按直线法计提折旧。当年在建的生产线及当年新建生产线不计提折旧；第 4 季度已出售的生产线，也不再计提折旧；当生产线设备净值等于残值时，该生产线不再计提折旧。

本教学案例根据折旧计算表、每条生产线残值及上一年折旧额推算，4 条生产线均已折旧 2 年 (不考虑设备建成第 0 年)，本年折旧均为 1。财务总监从 4 条生产线净值中取 1 万放置于综合费用区域"折旧"处。需要注意的是，折旧不产生现金流，财务总监在企业运营流程表中折旧处填写"4 万"，但计算季末现金余额时不考虑该项目。

至此，年末业务完成，一切生产经营活动停止，财务总监需要年终结账并填制财务报表。需要说明的是：手工沙盘模拟企业运营，所有的业务操作流程只能按企业运营流程表从上到下、从左到右依次进行，绝对不能违反业务流程出现违规倒转等严重作弊现象。

本教学案例年初、年中、年末业务运营结束后企业运营流程表执行结果如表 5-7 所示。

表 5-7 企业运营流程表　　　　　　　　单位：万元

企业经营流程 请按顺序执行下列各项操作。	每执行完一项操作，CEO 请在相应的方格内打钩。 财务总监（助理）在方格中填写现金收支情况			
新年度规划会议	√			
广告投放	–1			
参加订货会 / 登记销售订单	√			
支付应付税	–1			
支付长期贷款利息	–4			
更新长期贷款 / 长期贷款还款	√			
申请长期贷款	—			
季初现金盘点 (请填余额)	34	30	26	48
更新短期贷款 / 还本付息	—	—	—	—
申请短期贷款	—	—	—	—

续表

更新应付款 / 归还应付款	—	—	—	—
原材料入库 / 更新原材料订单	-2	-1	-1	-1
下原材料订单	1R1	1R1	1R1	1R1
购买（租用）厂房	—	—	—	—
新建生产线 / 在建生产线 / 生产线转产 / 变卖生产线	—	—	—	—
更新生产 / 完工入库	1P1	2P1	1P1	2P1
开始下一批生产	-1	-2	-1	-2
更新应收款 / 应收款收现	√	√	25	—
按订单交货	—	—	—	√
产品研发投资				
出售厂房				
支付行政管理费	-1	-1	-1	-1
出售库存（随时）				
应收款贴现（随时）				
缴纳违约金（随时）	—	—	—	—
新市场开拓				—
ISO 资格认证投资				—
支付设备维护费				-4
计提折旧				(4)
现金收入合计	0	0	25	0
现金支出合计	4	4	3	8
期末现金对账（请填余额）	30	26	48	40

（四）编制财务报表

企业财务报表是企业向外提供的反映企业财务状况和经营成果的重要文件，沙盘模拟企业经营过程中，只编制利润表和资产负债表。另外，利润表需要依据销售收入和成本综合费用信息，所以模拟企业须先编制产品销售核算统计表和综合费用表。

参与竞争的模拟企业每年经营结束需将综合费用表、利润表、资产负债表对外公布。

1. 产品销售核算统计表

产品销售核算统计表如表5-8所示，是对各产品全年销售数据进行汇总，编制的依据是表5-6订单登记表。

表 5-8　产品销售核算统计表

项　目	P1	P2	P3	P4	合计
数量	9				
销售额	42 万				42 万
成本	16 万				16 万
毛利	26 万				26 万

2. 综合费用表

编制综合费用表的依据是企业运营过程中记录在盘面综合费用区和营销规划区的各项费用及企业运营流程表记录的各项费用。本教学案例 2021 年综合费用如表 5-9 所示。

表 5-9　综合费用表

第　　年　　用户名：　　　　　　　　　　　　　　　　　　　　　　单位：万元

项　目	金　额	备　注
管理费	4	
广告费	1	
设备维护费	4	
租金		
市场开拓		□区域□国内□亚洲□国际
产品研发		P2(　　)P3(　　)P4(　　)
ISO 资格认证		□ ISO 9000 □ ISO 14000
转产费		
信息		
其他		
合计	9	

3. 利润表

利润表是反映模拟企业全年经营成果的报表。编制时依据沙盘盘面、综合费用表和企业运营流程表。本教学案例 2021 年利润表如表 5-10 所示。

填表说明：

(1) 销售收入来源于表 5-8 中的销售额合计。

(2) 直接成本来源于表 5-8 中的成本合计。

(3) 毛利 = 销售收入 - 直接成本。

(4) 综合费用来源于表 5-9 中的综合费用合计。

(5) 折旧前利润 = 毛利 - 综合费用。

(6) 折旧来源于沙盘盘面综合费用区域"折旧"（或企业运营流程表折旧项目）。

表 5-10 2021 年利润表

第　　年　　　用户名：　　　　　　　　　　　　　　　　　　　　　　　单位：万元

项　目	+/－/=	本　年　数
销售收入	+	42
直接成本	－	16
毛利	=	26
综合费用	－	9
折旧前利润	=	17
折旧	－	4
支付利息前利润	=	13
财务费用	－	4
税前利润	=	9
所得税	－	2
净利润	=	7

(7) 支付利息前利润 = 折旧前利润 － 折旧。

(8) 财务费用来源于沙盘盘面综合费用区域"利息"+"贴息"(或企业运营流程表利息项目汇总)。

(9) 税前利润 = 支付利息前利润 － 财务费用。

(10) 所得税 = 税前利润 ×25%，计算时结果按四舍五入取整 (注意结合以前年度亏损)。

(11) 净利润 = 税前利润 － 所得税。

4. 资产负债表

资产负债表是反映企业财务状况的财务报表。编制时依据沙盘盘面、利润表和企业运营流程表。本教学案例年末资产负债表如表 5-11 所示。

填表说明：

(1) 现金来源于沙盘盘面现金区"现金"或企业运营流程表期末现金对账项目余额。

(2) 应收款来源于沙盘盘面"应收款"金额。

(3) 在制品来源于沙盘盘面生产线处每一条生产线上在制品数据。

(4) 成品来源于沙盘盘面物流中心成品库成品数据。

(5) 原材料来源于沙盘盘面物流中心原材料库原材料数据。

(6) 流动资产合计 = 现金 + 应收款 + 在制品 + 成品 + 原材料。

(7) 土地与建筑物来源于沙盘盘面生产中心厂房价值数据。

(8) 机器与设备来源于沙盘盘面生产中心生产线净值数据。

(9) 在建工程来源于沙盘盘面生产中心生产线投资数据。

(10) 固定资产合计 = 土地与建筑物 + 机器与设备 + 在建工程。

表 5-11　资产负债表

第　　年　用户名：		2021 年 12 月 31 日		单位：万元
资　　产	期末数	负债 + 所有者权益		期末数
流动资产：		负债：		
现金　+	40	长期负债　+		40
应收款　+	42	短期负债　+		
在制品　+	8	应付款　+		
成品　+	2	应交税　+		2
原材料　+	2			
流动资产合计　=	94	负债合计　=		42
固定资产：		所有者权益：		
土地和建筑物　+	40	股东资本　+		80
机器与设备　+	9	利润留存　+		14
在建工程　+		年度净利　+		7
固定资产合计　=	49	所有者权益合计　=		101
总资产　=	143	负债 + 所有者权益　=		143

(11) 总资产 = 流动资产合计 + 固定资产合计。

(12) 长期负债来源于沙盘盘面长期贷款数据。

(13) 短期负债来源于沙盘盘面短期贷款数据。

(14) 应付款来源于沙盘盘面应付款数据。

(15) 应交税来源于沙盘盘面综合费用区"税金"数据。

(16) 负债合计 = 长期负债 + 短期负债 + 应付款 + 应交税。

(17) 股东资本来源于年初资产负债表"股东资本"数据。

(18) 利润留存来源于年初资产负债表"利润留存 + 年度净利"数据。

(19) 年度净利来源于本年利润表"净利润"数据。

(20) 所有者权益合计 = 股东资本 + 利润留存 + 年度净利。

(21) 负债 + 所有者权益 = 负债合计 + 所有者权益合计。

 任务实施

【实训目的】

(1) 熟悉沙盘模拟企业经营规则，以达到熟练应用重要规则。

(2) 模拟企业经营，各职能部门、各岗位负责人协同合作、团队配合。

(3) 提高语言表达能力和沟通能力，养成良好的职业素养。

【实训要求】

(1) 假设模拟企业拥有 3 条手工生产线，1 条半自动生产线，2 条全自动生产线，2 条柔性生产线。生产总监已安排生产，第 1 季度各生产线生产情况如表 5-12 所示，不需要转产，生产持续进行。依据生产线规则表计算每条线本年的生产能力。

表 5-12　生产情况表

序　号	生产线	在　产	产　能
1	手工线	P1(1Q)	
2	手工线	P1(2Q)	
3	手工线	P1(3Q)	
4	半自动	P2(2Q)	
5	全自动	P3	
6	全自动	P3	
7	柔性线	P4	
8	柔性线	P4	

(2) 营销部门参加订单会后获得如表 5-13 所示的订单。

表 5-13　订单信息简表

产品名称	数　量	交货期	账　期
P2	4	4	2
P3	3	3	4
P3	3	2	1
P3	1	3	3
P4	4	4	0
P4	4	1	4
P4	1	3	2

企业上年末生产中心显示生产线信息为：柔性生产线 4 条，生产周期 1 期、在产 P4。物流中心显示原材料预订信息为：3Q 预订 R3、R4 原材料数量分别为 8、10；4Q 预订 R1、R2、R3、R4 原材料数量分别为 6、11、4、8。

企业本年计划第 1 季度租厂房建手工生产线 4 条，生产周期 2Q。

假设第 3 季 4 条手工生产线欲生产 4 个 P3；4 条柔性生产线欲生产 4 个 P4，生产总监如何安排生产？营销总监如何交货？采购总监如何订购原材料？财务总监如何收付款？

任务三　手工沙盘模拟企业运营

起始年的运营，我们熟悉了沙盘模拟企业经营流程和经营规则，每位同学也进入了经

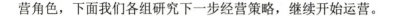

营角色，下面我们各组研究下一步经营策略，继续开始运营。

一、时间要求

(1) 年度经营规划及营销方案——10 分钟；
(2) 各组按竞单规则选择订单——10 分钟；
(3) 组织企业运营及编制财务报表——40 分钟；
(4) 教师进行业绩分析并点评——15 分钟。

二、年初经营会议上需要考虑的因素

(1) 企业想进入哪些市场？
(2) 企业想开发哪些产品？
(3) 企业想投资什么样的生产线？
(4) 企业是否需要进行 ISO 认证？
(5) 企业的融资策略是什么？
(6) 企业今年的市场投入 (广告) 策略是什么？

三、市场预测

假设有 6 ～ 8 组参与沙盘模拟企业经营，市场数据资料如表 5-14 ～表 5-16 所示。

表 5-14　市场预测表——均价

序号	年份	产品	本地	区域	国内	亚洲	国际
1	第 2 年	P1	5.38	5.38	5.29	0	0
2	第 2 年	P2	7.35	0	7.29	0	0
3	第 2 年	P3	8.36	8.42	8.64	0	0
4	第 2 年	P4	0	10.31	10.92	0	0
5	第 3 年	P1	5.18	5.41	5.12	0	0
6	第 3 年	P2	7.46	7.5	0	7.67	0
7	第 3 年	P3	0	8.59	8.71	8.63	0
8	第 3 年	P4	10.6	0	10.5	10.54	0
9	第 4 年	P1	4.88	0	4.96	0	5.03
10	第 4 年	P2	0	7.54	0	7.6	7.56
11	第 4 年	P3	8.5	0	8.37	0	8.17
12	第 4 年	P4	10.5	0	0	10.32	10.77

表 5-15　市场预测表——需求量

序号	年份	产品	本地	区域	国内	亚洲	国际
1	第 2 年	P1	21	16	17	0	0
2	第 2 年	P2	23	0	24	0	0
3	第 2 年	P3	14	19	14	0	0
4	第 2 年	P4	0	13	13	0	0
5	第 3 年	P1	28	22	33	0	0
6	第 3 年	P2	24	26	0	15	0
7	第 3 年	P3	0	1	14	19	0
8	第 3 年	P4	15	0	10	13	0
9	第 4 年	P1	26	0	27	0	36
10	第 4 年	P2	0	28	0	20	16
11	第 4 年	P3	24	0	19	0	23
12	第 4 年	P4	16	0	0	19	13

表 5-16　市场预测表——订单数量

序号	年份	产品	本地	区域	国内	亚洲	国际
1	第 2 年	P1	9	7	8	0	0
2	第 2 年	P2	11	0	12	0	0
3	第 2 年	P3	8	9	7	0	0
4	第 2 年	P4	0	7	7	0	0
5	第 3 年	P1	12	9	13	0	0
6	第 3 年	P2	9	11	0	8	0
7	第 3 年	P3	0	8	6	7	0
8	第 3 年	P4	6	0	5	6	0
9	第 4 年	P1	11	0	10	0	15
10	第 4 年	P2	0	12	0	10	8
11	第 4 年	P3	11	0	9	0	11
12	第 4 年	P4	8	0	0	9	6

四、市场预测分析图

（一）价格预测分析图

本地市场、区域市场、国内市场、亚洲市场及国际市场价格趋势折线图如图 5-9 ～图 5-13 所示。

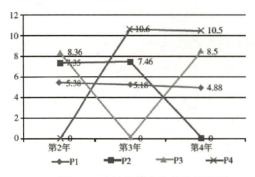

图 5-9　本地市场价格趋势折线图

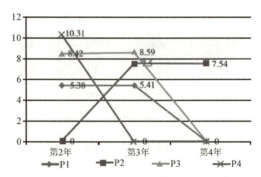

图 5-10　区域市场价格趋势折线图

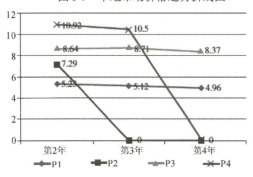

图 5-11　国内市场价格趋势折线图

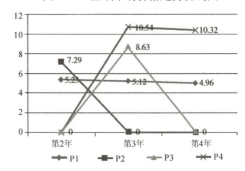

图 5-12　亚洲市场价格趋势折线图

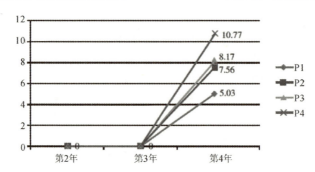

图 5-13　国际市场价格趋势折线图

（二）　需求量预测分析图

本地市场、区域市场、国内市场、亚洲市场及国际市场需求量预测柱形图如图 5-14 ～图 5-18 所示。

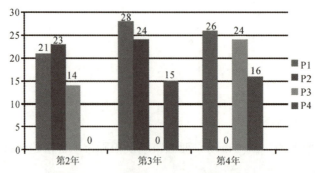

图 5-14　本地市场需求量预测柱形图

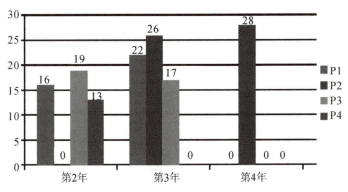

图 5-15　区域市场需求量预测柱形图

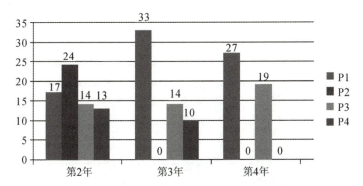

图 5-16　国内市场需求量预测柱形图

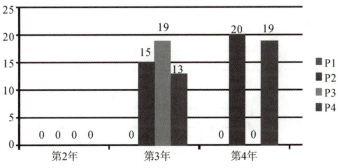

图 5-17　亚洲市场需求量预测柱形图

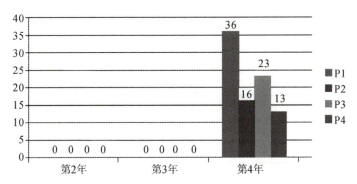

图 5-18　国际市场需求量预测柱形图

（三）订单量预测分析图

本地市场、区域市场、国内市场、亚洲市场及国际市场订单量预测分析图如图 5-19 ～ 图 5-23 所示。

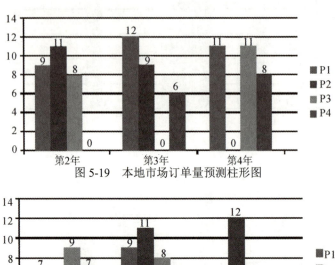
图 5-19　本地市场订单量预测柱形图

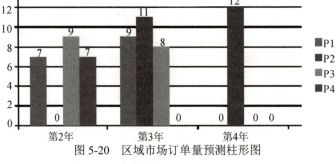
图 5-20　区域市场订单量预测柱形图

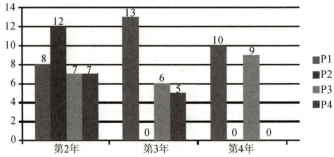
图 5-21　国内市场订单量预测柱形图

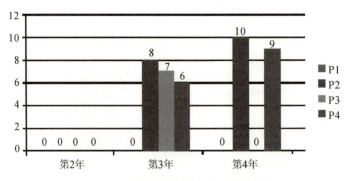
图 5-22　亚洲市场订单量预测柱形图

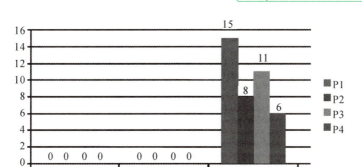

图 5-23　国际市场订单量预测柱形图

（四）单均量预测分析图

本地市场、区域市场、国内市场、亚洲市场及国际市场单均量预测分析图如图 5-24 ～图 5-28 所示。

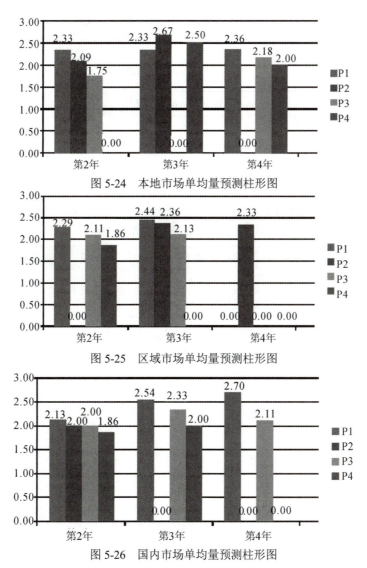

图 5-24　本地市场单均量预测柱形图

图 5-25　区域市场单均量预测柱形图

图 5-26　国内市场单均量预测柱形图

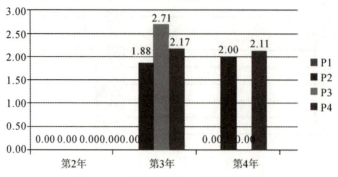

图 5-27 亚洲市场单均量预测柱形图

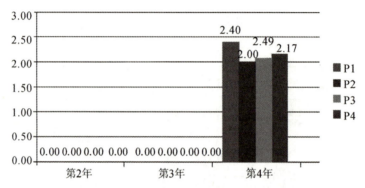

图 5-28 国际市场单均量预测柱形图

五、市场销售订单详情

市场销售订单详单见表 5-17。

表 5-17 市场销售订单详单

序号	订单号	年份	市场	产品	数量	金额	账期	交货期	ISO
1	2-18112301	2	1	1	4	23	1	2	0
2	2-18112302	2	1	1	3	15	1	4	0
3	2-18112303	2	1	1	3	17	3	4	0
4	2-18112304	2	1	1	3	15	2	4	0
5	2-18112305	2	1	1	3	16	2	3	0
6	2-18112306	2	1	1	2	10	1	3	0
7	2-18112307	2	1	1	1	5	2	3	0
8	2-18112308	2	1	1	1	6	1	2	0
9	2-18112309	2	1	1	1	6	2	1	0
10	2-18112310	2	1	2	3	22	1	4	0
11	2-18112311	2	1	2	3	23	3	4	0
12	2-18112312	2	1	2	3	22	1	3	0

续表一

序号	订单号	年份	市场	产品	数量	金额	账期	交货期	ISO
13	2-18112313	2	1	2	3	21	1	3	0
14	2-18112314	2	1	2	2	14	2	4	0
15	2-18112315	2	1	2	2	14	2	4	0
16	2-18112316	2	1	2	2	15	2	3	0
17	2-18112317	2	1	2	2	15	1	3	0
18	2-18112318	2	1	2	1	7	1	4	0
19	2-18112319	2	1	2	1	8	3	2	0
20	2-18112320	2	1	2	1	8	1	2	0
21	2-18112321	2	1	3	2	16	1	4	0
22	2-18112322	2	1	3	2	17	2	4	0
23	2-18112323	2	1	3	2	16	1	4	0
24	2-18112324	2	1	3	2	16	1	3	0
25	2-18112325	2	1	3	2	17	2	3	0
26	2-18112326	2	1	3	2	18	1	2	0
27	2-18112327	2	1	3	1	8	1	4	0
28	2-18112328	2	1	3	1	9	2	2	0
29	2-18112329	2	3	1	4	21	1	4	0
30	2-18112330	2	3	1	4	21	2	3	0
31	2-18112331	2	3	1	2	10	2	4	0
32	2-18112332	2	3	1	2	11	2	2	0
33	2-18112333	2	3	1	2	11	2	1	0
34	2-18112334	2	3	1	1	5	3	4	0
35	2-18112335	2	3	1	1	5	1	3	0
36	2-18112336	2	3	1	1	6	1	2	0
37	2-18112337	2	3	2	3	21	1	4	0
38	2-18112338	2	3	2	3	21	2	4	0
39	2-18112339	2	3	2	3	22	2	3	0
40	2-18112340	2	3	2	2	14	2	4	0
41	2-18112341	2	3	2	2	15	2	4	0
42	2-18112342	2	3	2	2	14	2	3	0
43	2-18112343	2	3	2	2	15	2	3	0
44	2-18112344	2	3	2	2	15	1	2	0

续表二

序号	订单号	年份	市场	产品	数量	金额	账期	交货期	ISO
45	2-18112345	2	3	2	2	16	2	2	1
46	2-18112346	2	3	2	1	7	1	4	2
47	2-18112347	2	3	2	1	7	1	3	1
48	2-18112348	2	3	2	1	8	2	2	0
49	2-18112349	2	3	3	3	28	1	2	0
50	2-18112350	2	3	3	2	18	3	4	0
51	2-18112351	2	3	3	2	17	1	4	0
52	2-18112352	2	3	3	2	16	1	4	0
53	2-18112353	2	3	3	2	17	2	3	3
54	2-18112354	2	3	3	2	16	1	3	3
55	2-18112355	2	3	3	1	9	3	2	0
56	2-18112356	2	3	4	2	21	1	4	1
57	2-18112357	2	3	4	2	21	3	4	2
58	2-18112358	2	3	4	2	21	2	4	0
59	2-18112359	2	3	4	2	22	1	3	0
60	2-18112360	2	3	4	2	22	2	3	3
61	2-18112361	2	3	4	2	23	1	2	2
62	2-18112362	2	3	4	1	12	2	2	0
63	2-18112363	2	2	1	4	22	2	3	2
64	2-18112364	2	2	1	3	16	2	4	0
65	2-18112365	2	2	1	3	17	2	2	2
66	2-18112366	2	2	1	2	10	1	4	0
67	2-18112367	2	2	1	2	11	2	3	0
68	2-18112368	2	2	1	1	5	1	3	0
69	2-18112369	2	2	1	1	5	1	2	1
70	2-18112370	2	2	3	3	26	3	4	0
71	2-18112371	2	2	3	3	25	1	4	0
72	2-18112372	2	2	3	3	24	1	4	0
73	2-18112373	2	2	3	3	25	2	3	0
74	2-18112374	2	2	3	3	26	1	2	0
75	2-18112375	2	2	3	1	8	1	4	0
76	2-18112376	2	2	3	1	8	2	3	0

续表三

序号	订单号	年份	市场	产品	数量	金额	账期	交货期	ISO
77	2-18112377	2	2	3	1	9	2	2	1
78	2-18112378	2	2	3	1	9	1	2	0
79	2-18112379	2	2	4	2	20	1	4	2
80	2-18112380	2	2	4	2	21	3	4	0
81	2-18112381	2	2	4	2	20	1	3	0
82	2-18112382	2	2	4	2	21	2	3	1
83	2-18112383	2	2	4	2	20	1	3	0
84	2-18112384	2	2	4	2	22	2	2	1
85	2-18112385	2	2	4	1	10	1	4	0
86	2-18112386	3	1	1	4	20	2	4	0
87	2-18112387	3	1	1	4	20	2	3	0
88	2-18112388	3	1	1	4	20	1	3	0
89	2-18112389	3	1	1	4	22	1	1	1
90	2-18112390	3	1	1	2	10	2	4	0
91	2-18112391	3	1	1	2	11	3	3	0
92	2-18112392	3	1	1	2	11	1	2	0
93	2-18112393	3	1	1	2	11	2	1	2
94	2-18112394	3	1	1	1	5	3	4	0
95	2-18112395	3	1	1	1	5	1	4	1
96	2-18112396	3	1	1	1	5	1	2	2
97	2-18112397	3	1	1	1	5	1	1	1
98	2-18112398	3	1	4	4	28	2	4	3
99	2-18112399	3	1	4	4	30	0	3	0
100	2-18112400	3	1	4	4	31	2	2	0
101	2-18112401	3	1	4	4	30	3	2	3
102	2-18112402	3	1	3	3	22	2	2	1
103	2-18112403	3	1	2	2	15	1	2	1
104	2-18112404	3	1	1	1	8	1	4	0
105	2-18112405	3	1	1	1	7	3	3	0
106	2-18112406	3	1	1	1	8	1	1	0
107	2-18112407	3	1	4	4	41	2	4	2
108	2-18112408	3	1	4	4	42	1	3	1

续表四

序号	订单号	年份	市场	产品	数量	金额	账期	交货期	ISO
109	2-18112409	3	1	4	2	21	2	3	0
110	2-18112410	3	1	4	2	22	1	2	0
111	2-18112411	3	1	4	2	22	2	1	0
112	2-18112412	3	1	4	1	11	2	2	0
113	2-18112413	3	3	1	4	20	2	4	0
114	2-18112414	3	3	1	4	20	1	2	0
115	2-18112415	3	3	1	4	22	3	1	1
116	2-18112416	3	3	1	3	15	2	4	1
117	2-18112417	3	3	1	3	15	1	4	0
118	2-18112418	3	3	1	3	15	2	4	0
119	2-18112419	3	3	1	3	16	1	1	0
120	2-18112420	3	3	1	2	10	2	4	1
121	2-18112421	3	3	1	2	10	1	3	1
122	2-18112422	3	3	1	2	10	1	2	0
123	2-18112423	3	3	1	1	5	1	4	1
124	2-18112424	3	3	1	1	5	2	3	0
125	2-18112425	3	3	1	1	6	2	1	0
126	2-18112426	3	3	3	4	34	1	4	0
127	2-18112427	3	3	3	3	25	1	4	3
128	2-18112428	3	3	3	3	27	2	2	0
129	2-18112429	3	3	3	2	18	3	3	0
130	2-18112430	3	3	3	1	9	1	3	1
131	2-18112431	3	3	3	1	9	2	2	1
132	2-18112432	3	3	4	4	40	1	3	1
133	2-18112433	3	3	4	2	22	2	4	0
134	2-18112434	3	3	4	2	22	3	1	0
135	2-18112435	3	3	4	1	11	1	3	0
136	2-18112436	3	3	4	1	10	2	2	0
137	2-18112437	3	2	1	4	20	2	4	1
138	2-18112438	3	2	1	4	22	1	2	0
139	2-18112439	3	2	1	3	17	3	4	0
140	2-18112440	3	2	1	3	15	1	3	0

续表五

序号	订单号	年份	市场	产品	数量	金额	账期	交货期	ISO
141	2-18112441	3	2	1	2	11	1	2	0
142	2-18112442	3	2	1	2	11	2	2	2
143	2-18112443	3	2	1	2	12	3	1	2
144	2-18112444	3	2	1	1	5	1	3	2
145	2-18112445	3	2	1	1	6	2	2	0
146	2-18112446	3	2	2	4	30	1	4	0
147	2-18112447	3	2	2	3	22	2	3	0
148	2-18112448	3	2	2	3	23	2	2	1
149	2-18112449	3	2	2	3	21	1	2	2
150	2-18112450	3	2	2	3	22	2	1	1
151	2-18112451	3	2	2	2	15	3	4	0
152	2-18112452	3	2	2	2	15	2	3	0
153	2-18112453	3	2	2	2	15	3	2	0
154	2-18112454	3	2	2	2	16	2	1	1
155	2-18112455	3	2	2	1	8	2	2	3
156	2-18112456	3	2	2	1	8	1	1	0
157	2-18112457	3	2	3	4	33	2	4	2
158	2-18112458	3	2	3	3	26	1	3	0
159	2-18112459	3	2	3	3	27	1	1	0
160	2-18112460	3	2	3	2	17	3	4	0
161	2-18112461	3	2	3	2	16	1	2	0
162	2-18112462	3	2	3	1	8	2	4	0
163	2-18112463	3	2	3	1	9	2	3	1
164	2-18112464	3	2	3	1	10	1	1	ISO
165	2-18112465	3	4	2	3	23	1	4	0
166	2-18112466	3	4	2	2	15	2	4	2
167	2-18112467	3	4	2	2	15	1	3	0
168	2-18112468	3	4	2	2	16	2	3	0
169	2-18112469	3	4	2	2	16	0	2	1
170	2-18112470	3	4	2	2	15	3	1	1
171	2-18112471	3	4	2	1	7	2	4	0
172	2-18112472	3	4	2	1	8	1	2	0

续表六

序号	订单号	年份	市场	产品	数量	金额	账期	交货期	ISO
173	2-18112473	3	4	3	4	34	2	4	0
174	2-18112474	3	4	3	4	35	3	4	1
175	2-18112475	3	4	3	4	35	3	3	1
176	2-18112476	3	4	3	3	25	1	4	0
177	2-18112477	3	4	3	2	17	1	2	0
178	2-18112478	3	4	3	1	9	2	3	0
179	2-18112479	3	4	3	1	9	1	1	1
180	2-18112480	3	4	4	4	42	1	1	0
181	2-18112481	3	4	4	3	30	1	4	1
182	2-18112482	3	4	4	2	22	2	3	2
183	2-18112483	3	4	4	2	22	1	2	0
184	2-18112484	3	4	4	1	10	2	3	1
185	2-18112485	3	4	4	1	11	2	1	3
186	2-18112486	4	1	1	4	20	1	3	1
187	2-18112487	4	1	1	3	14	2	4	0
188	2-18112488	4	1	1	3	13	1	4	0
189	2-18112489	4	1	1	3	15	2	2	0
190	2-18112490	4	1	1	3	16	2	1	1
191	2-18112491	4	1	1	2	9	1	4	0
192	2-18112492	4	1	1	2	10	3	4	0
193	2-18112493	4	1	1	2	10	1	3	2
194	2-18112494	4	1	1	2	10	2	3	0
195	2-18112495	4	1	1	1	5	1	2	0
196	2-18112496	4	1	1	1	5	1	1	0
197	2-18112497	4	1	3	3	25	2	4	0
198	2-18112498	4	1	3	3	28	2	2	2
199	2-18112499	4	1	3	3	25	3	1	1
200	2-18112500	4	1	3	2	16	1	4	0
201	2-18112501	4	1	3	2	16	1	4	2
202	2-18112502	4	1	3	2	17	1	3	0
203	2-18112503	4	1	3	2	16	3	3	0
204	2-18112504	4	1	3	2	17	2	2	1

续表七

序号	订单号	年份	市场	产品	数量	金额	账期	交货期	ISO
205	2-18112505	4	1	3	2	18	2	1	1
206	2-18112506	4	1	3	2	17	1	1	0
207	2-18112507	4	1	3	1	9	4	4	0
208	2-18112508	4	1	4	3	30	1	3	0
209	2-18112509	4	1	4	2	21	3	4	0
210	2-18112510	4	1	4	2	21	2	4	2
211	2-18112511	4	1	4	2	20	1	3	0
212	2-18112512	4	1	4	2	21	1	2	0
213	2-18112513	4	1	4	2	22	2	2	1
214	2-18112514	4	1	4	2	22	2	1	2
215	2-18112515	4	1	4	1	11	1	3	0
216	2-18112516	4	5	1	4	19	1	4	0
217	2-18112517	4	5	1	4	19	3	4	2
218	2-18112518	4	5	1	4	20	2	2	0
219	2-18112519	4	5	1	3	15	1	2	2
220	2-18112520	4	5	1	3	16	2	2	0
221	2-18112521	4	5	1	3	16	1	1	0
222	2-18112522	4	5	1	2	9	1	4	0
223	2-18112523	4	5	1	2	10	3	4	0
224	2-18112524	4	5	1	2	10	2	3	0
225	2-18112525	4	5	1	2	10	1	3	0
226	2-18112526	4	5	1	2	10	1	2	0
227	2-18112527	4	5	1	2	11	1	1	0
228	2-18112528	4	5	1	1	5	3	4	2
229	2-18112529	4	5	1	1	5	1	1	0
230	2-18112530	4	5	1	1	6	2	1	0
231	2-18112531	4	5	2	4	30	1	2	0
232	2-18112532	4	5	2	3	22	2	4	0
233	2-18112533	4	5	2	3	23	1	3	0
234	2-18112534	4	5	2	2	16	2	3	0
235	2-18112535	4	5	2	1	7	1	4	2
236	2-18112536	4	5	2	1	7	3	3	1

续表八

序号	订单号	年份	市场	产品	数量	金额	账期	交货期	ISO
237	2-18112537	4	5	2	1	8	2	2	3
238	2-18112538	4	5	2	1	8	2	1	1
239	2-18112539	4	5	3	4	33	1	4	2
240	2-18112540	4	5	3	4	33	2	4	0
241	2-18112541	4	5	3	3	23	1	4	0
242	2-18112542	4	5	3	3	24	2	2	0
243	2-18112543	4	5	3	2	17	2	3	1
244	2-18112544	4	5	3	2	17	2	1	3
245	2-18112545	4	5	3	1	8	1	4	0
246	2-18112546	4	5	3	1	8	3	4	0
247	2-18112547	4	5	3	1	8	1	3	0
248	2-18112548	4	5	3	1	8	2	2	3
249	2-18112549	4	5	3	1	9	1	1	1
250	2-18112550	4	5	4	3	30	2	4	2
251	2-18112551	4	5	4	3	33	1	3	0
252	2-18112552	4	5	4	3	34	2	1	0
253	2-18112553	4	5	4	2	22	1	2	0
254	2-18112554	4	5	4	1	10	1	4	2
255	2-18112555	4	5	4	1	11	1	1	0
256	2-18112556	4	3	1	4	20	1	4	2
257	2-18112557	4	3	1	4	20	2	3	0
258	2-18112558	4	3	1	4	21	1	2	2
259	2-18112559	4	3	1	3	14	2	4	1
260	2-18112560	4	3	1	3	14	1	3	2
261	2-18112561	4	3	1	2	10	3	4	0
262	2-18112562	4	3	1	2	10	2	3	3
263	2-18112563	4	3	1	2	10	2	2	0
264	2-18112564	4	3	1	2	10	1	1	2
265	2-18112565	4	3	1	1	5	1	1	0
266	2-18112566	4	3	3	4	33	2	3	0
267	2-18112567	4	3	3	3	25	2	4	0
268	2-18112568	4	3	3	3	25	1	4	0

续表九

序号	订单号	年份	市场	产品	数量	金额	账期	交货期	ISO
269	2-18112569	4	3	3	2	16	1	4	1
270	2-18112570	4	3	3	2	17	2	3	1
271	2-18112571	4	3	3	2	17	2	1	0
272	2-18112572	4	3	3	1	8	2	4	0
273	2-18112573	4	3	3	1	9	1	3	0
274	2-18112574	4	3	3	1	9	1	2	0
275	2-18112575	4	2	2	4	29	1	4	1
276	2-18112576	4	2	2	4	29	2	3	0
277	2-18112577	4	2	2	3	22	1	4	0
278	2-18112578	4	2	2	3	25	2	1	0
279	2-18112579	4	2	2	2	14	1	4	0
280	2-18112580	4	2	2	2	14	1	4	0
281	2-18112581	4	2	2	2	15	2	3	3
282	2-18112582	4	2	2	2	15	2	3	0
283	2-18112583	4	2	2	2	16	2	3	3
284	2-18112584	4	2	2	2	16	4	1	0
285	2-18112585	4	2	2	1	8	3	2	1
286	2-18112586	4	2	2	1	8	2	1	0
287	2-18112587	4	2	2	4	29	3	4	0
288	2-18112588	4	2	2	3	22	1	4	0
289	2-18112589	4	2	2	3	24	3	4	0
290	2-18112590	4	2	2	2	14	1	4	0
291	2-18112591	4	2	2	2	15	1	3	0
292	2-18112592	4	2	2	2	17	2	1	2
293	2-18112593	4	2	2	1	8	2	4	2
294	2-18112594	4	2	2	1	7	2	3	0
295	2-18112595	4	2	2	1	8	1	2	2
296	2-18112596	4	2	2	1	8	2	1	0
297	2-18112597	4	4	4	4	40	2	4	2
298	2-18112598	4	4	4	3	31	2	4	0
299	2-18112599	4	4	4	3	32	1	2	1
300	2-18112600	4	4	4	2	20	2	4	3

续表十

序号	订单号	年份	市场	产品	数量	金额	账期	交货期	ISO
301	2-18112601	4	4	4	2	20	2	4	3
302	2-18112602	4	4	4	2	22	1	2	3
303	2-18112603	4	4	4	1	10	1	3	3
304	2-18112604	4	4	4	1	10	1	3	3
305	2-18112605	4	4	4	1	11	2	1	3

 任务实施

【实训目的】

(1) 熟悉沙盘模拟企业经营规则，以达到熟练应用重要规则。

(2) 模拟企业经营，各职能部门、各岗位负责人协同合作、团队配合。

(3) 提高语言表达能力和沟通能力，养成良好的职业素养。

【实训要求】

(1) CEO 带领团队分析市场各产品的需求量、订单量及价格变化趋势，决定营销计划（包括开拓市场、研发产品、ISO 认证），生产策略及财务规划。

(2) 各经营团队了解各竞争对手经营状况，生产总监计算本企业产能。

(3) 营销总监投放本年度广告，并代表模拟企业在各市场中选单。

(4) 生产总监根据订单安排生产。

(5) 采购总监根据生产计划预算每期原材料订单。

(6) 财务总监根据营销与规划中心、生产中心、物流中心运营计划进行财务预算，合理组织资金流。

(7) 团队组织接下来五个年度各季经营，并记录运营流程。

(8) 财务总监编制年终财务报表。

任务四　电子沙盘简介

手工沙盘模拟企业经营受盘面设计的限制，而电子沙盘规则可人为设定，形式变化多种多样。目前职业院校沙盘模拟企业经营教学和财经商贸类沙盘模拟企业经营技能大赛常使用电子沙盘系统，系统自动评分，并以手工沙盘教具作为辅助手段。

一、电子沙盘系统操作流程简介

电子沙盘系统，是针对职业院校财经商贸类专业教学而设计的企业经营管理综合模拟实训系统。借助电子沙盘系统模拟企业经营管理实训，在训练过程中可以将 4 ～ 5 名学生组成一个团队合作完成、也可以一人一组独立完成一个制造型企业从建厂开始、投入生产到正常运营经历完整的 6 年模拟企业运营任务。每个年度分 4 个季度运行、全年总体运营流程分为年初、年中、年末三个部分。

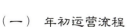

（一） 年初运营流程

年初企业运营过程包括年度规划会议、投放广告、支付广告费、支付所得税、参加订货会、长期贷款。具体运营流程如图 5-29 所示。

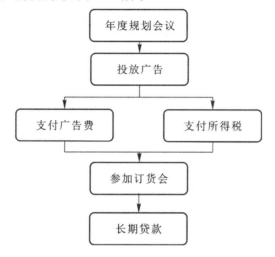

图 5-29 年初企业运营流程图

（二） 年中运营流程

年中企业运营每季度按图 5-30 所示依次进行。

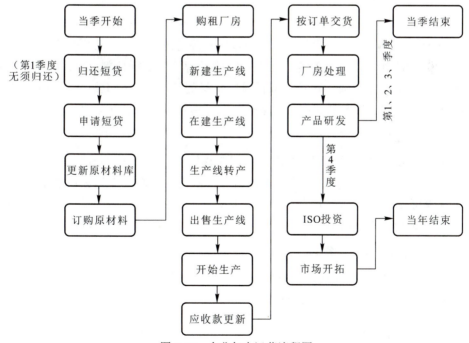

图 5-30 企业年中运营流程图

（三） 年末操作流程

企业年末运营操作主要包含填写报表和投放广告，具体流程如图 5-31 所示。

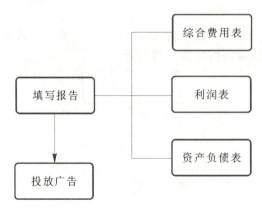

图 5-31　企业年末运营流程图

（四）　流程外运营操作

除上述运营操作外，企业随时可进行应收款贴现、厂房贴现、紧急采购、出售库存、间谍操作、查看订单信息等运营操作。但为保证企业按规则经营，系统限制了各组企业在参加竞单会过程中进行紧急采购和间谍操作。

二、电子沙盘操作简要说明

（一）　年初运营操作

电子沙盘与前述手工沙盘不同，一般假设接手的模拟企业是在创业初没有任何实物资产，只有所有者投资，且均为货币资金，所以模拟经营的第一年运营均是进行基本建设投资。根据市场预测和经营对手的能力对本企业的经营状况进行预判，以决定生产的规模、要研发生产的产品、进入何种市场、取得哪些资格的认证等。模拟经营以后的五个年度，根据本企业与竞争对手的发展状况及市场条件，运用各种策略进行运营。

1. 年度规划会议

年度规划会议在每运营年度开始时召开，在软件中无需操作。年度规划会议一般由团队的 CEO 主持召开，会同团队中的采购、生产、销售等负责人一起进行全年的市场预测分析、广告投放、订单选取、产能安排、原材料订购、订单交货、产品研发、市场开拓、筹资管理和现金控制等方面的分析和决策规划，最终完成全年运营的财务预算。

2. 支付广告费和支付所得税

点击"当年结束"，系统时间切换到下一年年初，需要投放广告，确认投放后系统会自动扣除所投放的广告费和上年应交的所得税。

3. 参加订货会

操作时点击主页面下方操作区中菜单"参加订货会"，当其他企业存在未完成投放广告操作时，会提示用户等待教师或裁判开通，当所有企业均已经完成投放广告，且教师或裁判已经启动订货会时，则进入订货会选单阶段。参加订货会界面如图 5-32 所示。

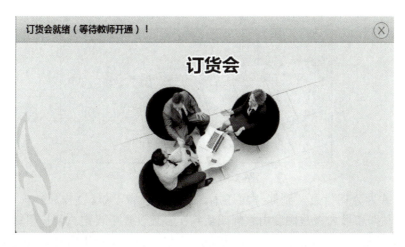

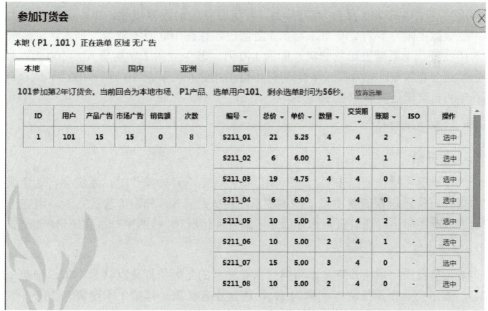

图 5-32　参加订货会界面图

企业选单时特别要关注系统会提示正在进行选单的市场 (显示为红色)、选单用户和剩余选单时间。参加订货会界面会显示每个用户每个市场选单顺序及该市场的订单列表。只有轮到当前用户选单时，操作显示 "选中" 按钮，点击 "选中"，成功选单。当选单倒计时结束后用户无法选单。设定规则时可以设定两个市场在同时进行选单，选单界面要在两个市场来回切换，此时很容易漏选市场订单，那将对企业经营造成非常严重的影响。全部市场选单结束后，订货会结束。

4. 申请长期贷款

操作时点击主页面下方操作区中菜单 "申请长贷"，弹出 "申请长贷" 对话框。选择贷款年限，录入贷款金额，点击 "确认"，即申请长贷成功。贷款额由企业在年度规划会议中根据企业运营规划确定，但不得超过最大贷款额度。申请长贷界面如图 5-33 所示。

图 5-33　申请长贷界面

长期贷款为分期付息，到期一次还本。系统预设有 1 年、2 年、3 年、4 年和 5 年贷款年限。年利率和最大贷款额度由教师或裁判在参数设置中设定。若长期贷款年利率设定为 10%，贷款额度设定为上年末所有者权益的 3 倍，企业上年末所有者权益总额为 80 万，则本年度贷款上限为 240 万 (=80 万 ×3)，假定企业之前没有贷款，则本次贷款最大额度为本年度贷款上限，即为 240 万。若企业之前已经存在 100 万的贷款，则本次贷款最大额度为本年度贷款上限减去已贷金额，即为 140 万。若企业第 1 年初贷入了 100 万，期限 5 年，则系统会在第 2、3、4、5、6 年初每年自动扣除长贷利息 10 万 (=100 万 × 10%)，并在第 6 年初自动偿还贷款本金 100 万。

（二）　年中运营操作

1. 当季开始

进入每季度内操作需点击"当季开始"按钮。当季开始操作时，系统会自动完成短期贷款的更新，偿还短期借款本息，检测更新生产／完工入库情况 (若已完工，则完工产品会自动进入产品库，可通过查询库存信息了解入库情况)、检测生产线完工转产情况。

2. 申请短贷

申请短贷操作与申请长贷基本相同。需要注意的是短贷期限默认为 1 年，到期一次还本付息。假定企业短期贷款年利率为 5%，则企业若在第 1 年第 1 季度贷入 20 万，那么，企业需在第 2 年第 1 季度偿还该笔短贷的本金 20 万和利息 1 万 (=20 × 5%)。

操作：点击主页面下方操作区中菜单"申请短贷"，弹出"申请短贷"对话框。在"需贷款额"后输入金额，点击"确认"即短贷成功。申请短贷如图 5-34 所示。

图 5-34　申请短贷

3. 更新原材料库

操作时点击主页面下方操作区中菜单"更新原材料库",提示当前应入库原材料需支付的现金。点击"确认",系统扣除现金并增加原材料库存。

原材料采购规则一般与前述手工沙盘表原材料购买规则一致,也可以人为调整设定原材料采购规则。

原材料库更新分为两种情况,一是针对采购需提前 2 期的 R3、R4 原材料,更新时系统会自动将其提前期减少 1 个季度;另一部分是针对采购需提前 1 期的 R1、R2 原材料和已更新 1Q 的 R3、R4 原材料,更新时本季度入库,系统会自动扣除现金并增加原材料库存,如图 5-35 所示。

图 5-35　更新原料

4. 订购原材料

操作时点击主页面下方操作区中菜单"订购原料","订购原料"界面如图 5-36 所示,会显示原材料名称、价格以及运货周期信息,在数量一列输入需订购的原材料量值,点击"确认"即可。

<table>
<tr><th>原料</th><th>价格</th><th>运货期</th><th>数量</th></tr>
<tr><td>R1</td><td>1W</td><td>1季</td><td>5</td></tr>
<tr><td>R2</td><td>1W</td><td>1季</td><td>4</td></tr>
<tr><td>R3</td><td>1W</td><td>2季</td><td>5</td></tr>
<tr><td>R4</td><td>1W</td><td>2季</td><td>4</td></tr>
</table>

图 5-36　"订购原料"界面

原材料订购数量由后期生产需要来决定,订购多了会造成现金占用,订购少了则不能满足生产需要,会造成生产线停产,甚至不能按期完成产品交货,导致产品订单违约。原材料订购一般采用零库存,在有柔性线的情况下,原材料采购计划应该多做几种方案,取各种采购方案中出现的原材料需求量最大值。

5. 购租厂房

操作时点击主页面下方操作区中菜单"购租厂房"，点击下拉框选择厂房类型，下拉框中提示每种厂房的购买价格、租用价格等。选择订购方式，买或租。点击"确认"即可。若选择购买，则需一次性支付购买价款，无后续费用；若选择租入，则需每年支付租金，租金支付时间为租入当时以及以后每年对应季度的季末。"购租厂房"界面如图5-37所示。

图 5-37 "购租厂房"界面

6. 新建生产线

操作时点击主页面下方操作区中菜单"新建生产线"，选择放置生产线的厂房，点击"类型"下拉框，选择要新建的生产线类型，下拉框中有生产线购买的价格信息，选择新建的生产线计划生产的产品类型后，点击"确认"即可。新建多条生产线时，无需退出该界面，可重复操作。需要提醒的是，生产线的选择至关重要、选错生产线类型或者需要转产期和转产费的生产线就如选错生产的产品，对企业经营将会造成很大影响。"新建生产线"界面如图5-38所示。

图 5-38 "新建生产线"界面

电子沙盘生产线比手工沙盘规则设定更具灵活性。一般规则规定：手工线买价5万、建造期0Q，半自动线买价10万、建造期1Q，自动线买价15万、建造期3Q，柔性线买价 20 万、建造期 4Q。

　　企业如果在第 1 年第 1 季度同时建造上述生产线各 1 条，则第 1 季度新建生产线时需支付 25 万 (手工线 5 万、半自动线 10 万、自动线 5 万、柔性线 5 万)，第 2 季度在建生产线时需支付 10 万 (自动线 5 万、柔性线 5 万)，第 3 季度在建生产线时需支付 10 万 (自动线 5 万、柔性线 5 万)，第 4 季度在建生产线时需支付 5 万 (柔性线 5 万)。每条生产线建成时可上线生产产品。建造过程见表 5-18。

表 5-18　生产线建造过程一览表

	第 1 年 第 1 季度	第 1 年 第 2 季度	第 1 年 第 3 季度	第 1 年 第 4 季度	第 2 年 第 1 季度	总投资额
手工线	5 万建成					5 万
半自动线	10 万在建	建成				10 万
自动线	5 万在建	5 万在建	5 万在建	建成		15 万
柔性线	5 万在建	5 万在建	5 万在建	5 万在建	建成	20 万
当季投资总额	25 万	10 万	10 万	5 万		

7. 在建生产线

　　操作时点击主页面下方操作区中菜单"在建生产线"，系统显示处于建造期间的生产线的累计投资额、开建时间和剩余建造期。需要继续投资建设的生产线的信息，勾选决定继续投资的生产线，点击"确认"即可。"在建生产线"界面如图 5-39 所示。

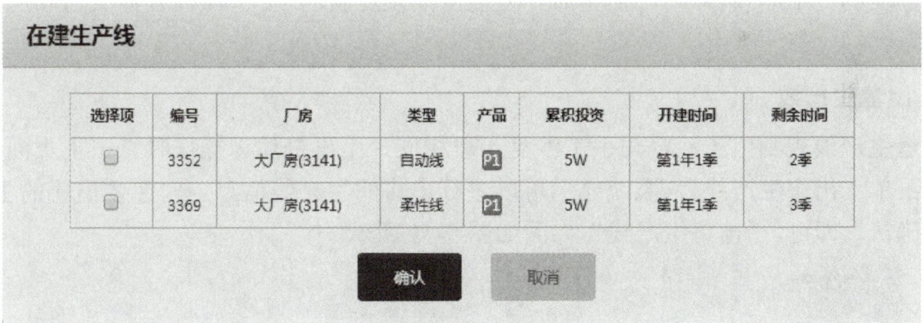

图 5-39　"在建生产线"界面

8. 生产线转产

　　生产线建造时已经确定了生产的产品种类，但是在企业运营过程中，为完成不同产品数量的订单，按时交货，可能会对生产线生产的产品进行适当的转产操作，转产时要求该生产线处于待生产状态，否则不可进行转产操作。转产时，不同生产线的转产费用和转产周期是有区别的，具体规则由教师或裁判设定。

　　操作时点击主页面下方操作区中菜单"生产线转产"，系统显示可以进行生产转产的生产线信息、勾选转产的生产线以及转线要生产的产品，点击"确认"即可。"生产线转产"界面如图 5-40 所示。

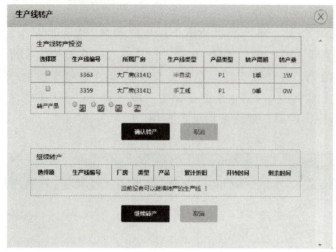

图 5-40 "生产线转产"界面

当转产周期大于 1Q 时,下一季度点击"生产线转产",系统显示需要继续转产的生产线,勾选即继续投资转产,不选即中断转产。

假定规则规定手工线转产周期为 0Q、转产费用 0 万。若某手工线原定生产 P1 产品,现在需要转产为 P2 产品,则转产时要求该手工线上没有在产品方能转产,且转产当季即可上线生产新的 P2 产品,无需支付转产费。

假定规则规定半自动线转产周期为 1Q,转产费用 1 万。若某半自动线原定生产 P1 产品,现在需要转产为 P2 产品,则转产时要求该半自动线上没有在产品方能转产,且需进行 1 个季度的"生产线转产"。操作后,方能上线生产新的 P2 产品,且需支付相应的转产费用 1 万。

9. 出售生产线

出售生产线规则电子沙盘与手工沙盘一般相同,不再赘述。操作时点击主页面下方操作区中菜单"出售生产线",系统显示可以进行出售的生产线信息。勾选要出售的生产线,点击"确认"即可。"出售生产线"界面如图 5-41 所示。

选项	生产线编号	类型	开建时间	所属厂房	产品	净值	建成时间
☐	3363	半自动(3363)	第1年1季	大厂房(3141)	P1	10	第1年2季
☐	3359	手工线(3359)	第1年1季	大厂房(3141)	P1	5	第1年1季

确认 取消

图 5-41 "出售生产线"界面

10. 开始生产

操作时点击主页面下方操作区中菜单"开始生产",系统显示可以进行生产的生产线信息。勾选要投产的生产线,点击"确认"即可。

开始下一批生产时保证相应的生产线空闲、产品完成研发、生产原材料充足、投产用的现金足够，上述四个条件缺一不可。开始下一批生产操作时，系统会自动从原材料仓库领用相应的原材料，并从现金处扣除用于生产的人工费用。

11. 应收款更新

操作时点击主页面下方操作区中菜单"应收款更新"，点击"确认"即可。

应收款更新分为两种情况，一是本季度尚未到期的应收款，系统会自动将其收账期减少1个季度，另一部分本季度到期的应收款，系统会自动计算并在"收现金额"框内显示，将其确认收到，系统自动增加企业的现金。

12. 按订单交货

操作时点击主页面下方操作区中菜单"按订单交货"，点击每条订单后的"确认交货"即可。在相应产品库存足够的情况下提示交货成功，在库存不足的情况下弹出库存不足的提示框。订单交货后会收取相应的现金或产生相应的应收款。

13. 厂房处理

厂房处理方式包括卖出（买转租）、退租、租转买三种。

已经购入的厂房，在资金紧张时可选择买转租操作。该操作包括两个环节，一是卖出厂房，二是同时将此厂房租回，卖出厂房根据规则产生4账期应收款，租入厂房需支付对应的租金，这一操作无需厂房空置。例如，假定规则规定某大厂房购买价为30万，租金4万/年。企业欲将原购入的大厂房买转租，则会产生期限为4Q、金额为30万的应收款，同时系统会在买转租时自动扣除当期厂房租金4万。

已经租入的厂房，厂房内无生产设备可选择退租操作。若从上年支付租金时开始算租期未满1年的，则无需支付退租当年的租金，反之则需支付退租当年的租金。例如，企业于上年第2季度租入一个大厂房，如果在本年度第2季度结束前退租，则系统无需支付第2个年度的厂房租金；如果在本年度第2季度结束后退租，则系统需扣除第2个年度的厂房租金。

已经租入的厂房，在资金充盈时可选择租转买操作。该操作包括两个环节，一是退租，二是将该厂房买入。退租当年租金是否需要支付与直接退租操作相同。购买厂房时需支付相应的购买价款，该操作无需厂房空置。接前例，企业欲在本年度第2季度结束后租转买原租入的大厂房，则系统仍会在大厂房租入的对应季度扣除本年的租金，并且在租转买时支付大厂房的购买价款30万。

操作时点击主页面下方操作区中菜单"厂房处理"，选择厂房的处理方式，系统会自动显示出符合处理条件的厂房以供选择。勾选厂房，点击"确认"。"厂房处理"界面如图5-42所示。

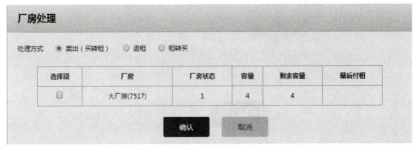

图5-42　"厂房处理"界面

14. 产品研发

操作时点击主页面下方操作区中菜单"产品研发",勾选需要研发的产品、点击"确认"。

产品研发按照季度来投资,每个季度均可操作,中间可以中断投资直到产品研发完成,产品研发成功后方能生产相应的产品。值得注意的是,操作时如果研发非故意中断,未在预期时点"完成产品研发",会导致生产进度不能按计划进行,甚至导致订单违约,给企业经营带来不利影响。

15. ISO 投资

只有每年第4季度才能进行 ISO 投资。操作时点击主页面下方操作区中菜单"ISO 投资",勾选需要投资的 ISO 资质,点击"确认"即可。企业若想在订货会上选取带有 ISO 认证的订单,必须取得相应的 ISO 认证资格,否则不能选取该订单。ISO 投资每年进行一次,可中断投资,直至 ISO 投资完成。

16. 市场开拓

只有每年第4季度才能进行市场开拓操作。点击主页面下方操作区中菜单"市场开拓",勾选需要研发的市场、点击"确认"即可。市场开拓是企业进入相应市场投放广告、选取产品订单的前提。市场开拓每年第4季度末可操作一次,中间可中断投资。

17. 当季(年)结束

在每年1～3季度末系统显示"当季结束",每年第4季度末显示"当年结束"。当季结束时,系统会自动支付行政管理费、厂房续租租金、检查产品开发完成情况。当年结束时,系统会自动支付行政管理费、厂房续租租金,检测产品开发、ISO 投资、市场开拓情况,自动支付设备维修费,计提当年折旧,扣除产品违约订单的罚款。

操作时点击主页面下方操作区中菜单"当季结束"或"当年结束",核对当季(年)结束需要支付或更新的事项。确认无误后,点击"确认"即可。"当季(年)结束"界面如图5-43、图5-44所示。

图 5-43 "当季结束"界面

图 5-44　"当年结束"界面

（三）　年末运营操作

年末运营操作与年初运营操作首尾相接，有两项内容：填写报表和投放广告。

填写报表时，点击主页面下方操作区中菜单"填写报表"，依次在综合费用表、利润表、资产负债表的编辑框内输入相应计算数值，三张表填写过程中都可点击"保存"，暂时保存数据。点击"提交"，即提交结果，系统自动判断结果是否正确。

投放广告在每年年初进行，操作时点击主页面下方操作区中菜单"投放广告"，录入各市场广告费，点击"确认"即可。

（四）　流程外运营操作

1. 应收款贴现

操作随时可进行，点击主页面下方操作区中菜单"贴现"，系统显示可以贴现的应收款金额，选好贴现期，在贴现额一列输入要贴现的金额。点击"确定"，系统根据不同贴现期扣除不同贴息，将贴现金额加入现金。应收款"贴现"界面如图 5-45 所示。

贴现

剩余账期	应收款	贴现额
1季	0W	0　W
2季	0W	0　W

剩余账期	应收款	贴现额
3季	0W	0　W
4季	0W	0　W

确认　　取消

图 5-45　应收款"贴现"界面

2. 紧急采购

企业原材料订购不足或产品未能按时生产出来，均可能造成产品订单不能按时交货，从而导致订单违约，既失去该订单收入又得支付违约损失。企业可通过紧急采购少量的短缺原材料或产品，从而满足生产或交货的需要，促使产品订单按时交货，由此取得相应的销售利润。紧急采购价格一般比正常的采购价要高很多，具体由教师或裁判在参数设置中设定。

操作可随时进行，既可以紧急采购原材料，也可以紧急采购库存产品。操作时点击主页面下方操作区中菜单"紧急采购"，系统显示当前企业的原材料、产品的库存数量以及紧急采购价格，在订购量一列输入数值，点击"确定"即可。"紧急采购"界面如图 5-46 所示。

图 5-46 "紧急采购"界面

3. 出售库存

企业一般只有在资金极度短缺时才会考虑出售库存。库存出售一般会在成本的基础上打折销售，出售价由教师或裁判在参数设置中设定。

操作可随时进行，操作时点击主页面下方操作区中菜单"出售库存"，系统显示当前企业的原材料、产品的库存数量以及出售价格，在出售数量一列输入数值，点击"确认"即可。

4. 厂房贴现

操作随时可进行，操作时点击主页面下方操作区中菜单"厂房贴现"，系统显示可以贴现的厂房信息，选择某一条厂房，点击"确定"贴现。系统根据每类厂房出售价格贴现，如果有生产线扣除该厂房的租金，保证厂房继续经营。

该操作实质上是将厂房卖出（买转租）产生的应收款直接贴现取得现金。它与厂房处理中的卖出（买转租）的区别就在于，"卖出（买转租）"操作时产生的应收款并未直接贴现，而厂房贴现则直接将卖出（买转租）产生的应收款同时贴现掉。

5. 查询订单信息

企业随时可点击"订单信息"查阅所取得的订单情况，从而确定生产安排、交货安排等情况。操作时点击主页面下方操作区中菜单"订单信息"，系统显示当前企业所有年份获得的订单，可以查询每条订单的完成时间、状态等信息。

 任务实施

【实训目的】

(1) 熟悉沙盘模拟企业经营运营流程，达到熟练应用的目的。

(2) 模拟企业经营，营销、生产、财务、采购部门各岗位负责人协同合作、团队配合。

(3) 提高语言表达能力和沟通能力，养成良好的职业素养。

【实训要求】

(1) 总经理熟记运营流程表，全盘把控流程及规则。

(2) 财务总监熟记运营流程表，重点关注融资、销售回款、日常资金收付、现金预算及报表编制。

(3) 营销总监熟记运营流程表，重点关注广告、选单、交货策略及流程。

(4) 采购总监熟记运营流程表，重点关注原材料预订策略及流程。

任务五　电子沙盘模拟企业运营

目前我们已经逐步熟悉了沙盘模拟企业运营流程和经营规则，也初步理解应该如何分析市场、了解对手了，并且各模拟企业（各组）内部人员在局部经营训练中通过多次体验、磨合、沟通交流，组织配合方面已达到能够默契配合的状态。现在我们可以尝试利用电子沙盘模拟企业年的运营，相信在经营过程中每组每位成员无论是经营能力方面，还是小组配合方面都会有更大的收获。

一、市场预测数据

假设有 30 ～ 33 组参与沙盘模拟企业经营，市场预测数据如表 5-19 ～表 5-21 所示。

表 5-19　市场预测表——均价

序号	年份	产品	本地	区域	国内	亚洲	国际
1	第 2 年	P1	5.31	5.33	5.36	0	0
2	第 2 年	P2	7.44	0	7.32	0	0
3	第 2 年	P3	8.27	8.38	8.71	0	0
4	第 2 年	P4	0	10.22	10.92	0	0
5	第 3 年	P1	5.23	5.38	5.17	0	0
6	第 3 年	P2	7.42	7.52	0	7.69	0
7	第 3 年	P3	0	8.57	8.6	8.47	0
8	第 3 年	P4	10.6	0	10.57	10.64	0
9	第 4 年	P1	4.88	0	5.06	0	5.04
10	第 4 年	P2	0	7.54	0	7.53	7.64
11	第 4 年	P3	8.5	0	8.21	0	8.29
12	第 4 年	P4	10.31	0	0	10.38	11

表 5-20　市场预测表——需求量

序号	年份	产品	本地	区域	国内	亚洲	国际
1	第 2 年	P1	16	12	14	0	0
2	第 2 年	P2	18	0	19	0	0
3	第 2 年	P3	11	13	7	0	0
4	第 2 年	P4	0	9	13	0	0
5	第 3 年	P1	22	16	23	0	0
6	第 3 年	P2	19	23	0	13	0
7	第 3 年	P3	0	14	10	15	0
8	第 3 年	P4	15	0	7	11	0
9	第 4 年	P1	26	0	17	0	26
10	第 4 年	P2	0	28	0	19	11
11	第 4 年	P3	18	0	14	0	17
12	第 4 年	P4	13	0	0	13	10

表 5-21　市场预测表——订单数量

序号	年份	产品	本地	区域	国内	亚洲	国际
1	第 2 年	P1	7	5	7	0	0
2	第 2 年	P2	9	0	10	0	0
3	第 2 年	P3	7	7	4	0	0
4	第 2 年	P4	0	5	7	0	0
5	第 3 年	P1	10	7	10	0	0

序号	年份	产品	本地	区域	国内	亚洲	国际
6	第3年	P2	7	10	0	7	0
7	第3年	P3	0	6	4	7	0
8	第3年	P4	6	0	4	5	0
9	第4年	P1	11	0	6	0	12
10	第4年	P2	0	12	0	8	6
11	第4年	P3	9	0	7	0	9
12	第4年	P4	7	0	0	8	5

二、预测数据分析图

1. 价格与毛利预测分析图

市场价格、市场毛利预测线形图如图 5-47、图 5-48 所示。

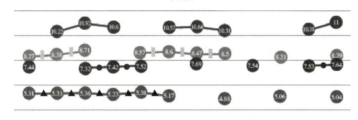

图 5-47　市场价格预测线形图

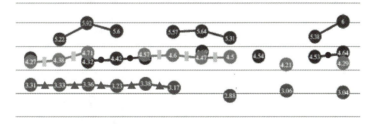

图 5-48　市场毛利预测线形图

2. 市场需求量分析

本地市场、区域市场、国内市场、亚洲市场及国际市场需求量预测柱形图如图 5-49 ～图 5-53 所示。

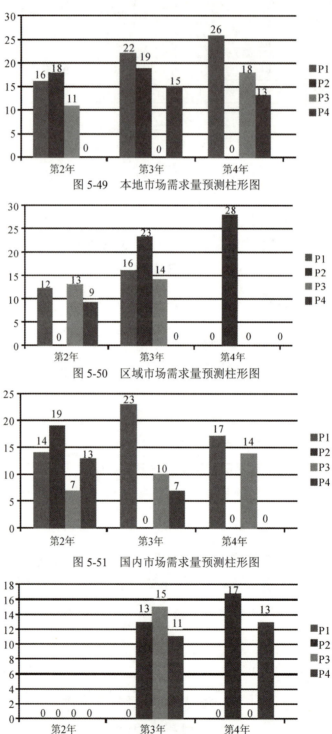

图 5-49　本地市场需求量预测柱形图

图 5-50　区域市场需求量预测柱形图

图 5-51　国内市场需求量预测柱形图

图 5-52　亚洲市场需求量预测柱形图

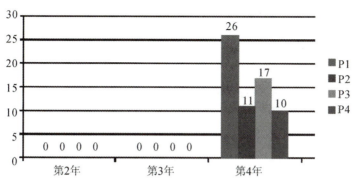

图 5-53 国际市场需求量预测柱形图

3. 市场订单量分析

本地市场、区域市场、国内市场、亚洲市场及国际市场如图 5-54 ～图 5-58 所示。

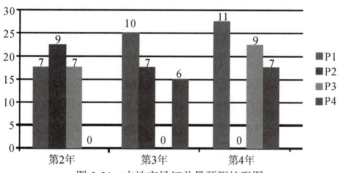

图 5-54 本地市场订单量预测柱形图

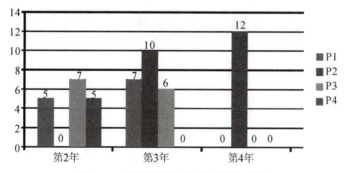

图 5-55 区域市场订单量预测柱形图

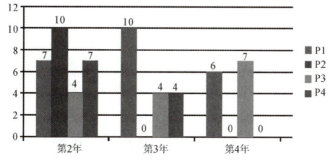

图 5-56 国内市场订单量预测柱形图

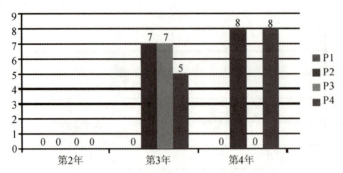

图 5-57 亚洲市场订单量预测柱形图

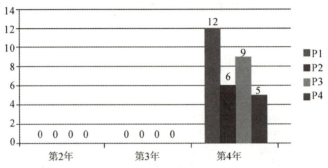

图 5-58 国际市场订单量预测柱形图

4. 市场预测详单

市场预测详单见表 5-22。

表 5-22 市场预测详单

序号	订单号	年份	市场	产品	数量	金额	账期	交货期	ISO
1	2-18112301	2	1	1	4	22	1	2	0
2	2-18112302	2	1	1	3	15	1	4	0
3	2-18112303	2	1	1	3	17	3	4	0
4	2-18112304	2	1	1	3	15	2	4	0
5	2-18112305	2	1	1	3	16	2	3	0
6	2-18112306	2	1	1	2	10	1	3	0
7	2-18112307	2	1	1	1	5	2	3	0
8	2-18112308	2	1	1	1	6	1	2	0
9	2-18112309	2	1	1	1	6	2	1	0
10	2-18112310	2	1	2	3	22	1	4	0
11	2-18112311	2	1	2	3	23	3	4	0
12	2-18112312	2	1	2	3	22	1	3	0
13	2-18112313	2	1	2	3	21	1	3	0
14	2-18112314	2	1	2	2	14	2	4	0

续表一

序号	订单号	年份	市场	产品	数量	金额	账期	交货期	ISO
15	2-18112315	2	1	2	2	14	2	4	0
16	2-18112316	2	1	2	2	15	2	3	0
17	2-18112317	2	1	2	2	15	1	3	0
18	2-18112318	2	1	2	1	7	1	4	0
19	2-18112319	2	1	2	1	8	3	2	0
20	2-18112320	2	1	2	1	8	1	2	0
21	2-18112321	2	1	3	2	16	1	4	0
22	2-18112322	2	1	3	2	17	2	4	0
23	2-18112323	2	1	3	2	16	1	4	0
24	2-18112324	2	1	3	2	16	1	3	0
25	2-18112325	2	1	3	2	17	2	3	0
26	2-18112326	2	1	3	2	18	1	2	0
27	2-18112327	2	1	3	1	8	1	4	0
28	2-18112328	2	1	3	1	9	2	4	0
29	2-18112329	2	3	1	4	21	1	4	0
30	2-18112330	2	3	1	4	21	2	3	0
31	2-18112331	2	3	1	2	10	2	4	0
32	2-18112332	2	3	1	2	11	2	2	0
33	2-18112333	2	3	1	2	11	2	1	0
34	2-18112334	2	3	1	1	5	3	4	0
35	2-18112335	2	3	1	1	5	1	3	0
36	2-18112336	2	3	1	1	6	1	2	0
37	2-18112337	2	3	2	3	21	1	4	0
38	2-18112338	2	3	2	3	21	2	4	0
39	2-18112339	2	3	2	3	22	2	3	0
40	2-18112340	2	3	2	2	14	2	4	0
41	2-18112341	2	3	2	2	15	2	4	0
42	2-18112342	2	3	2	2	14	2	3	0
43	2-18112343	2	3	2	2	15	2	3	0
44	2-18112344	2	3	2	2	15	1	2	0
45	2-18112345	2	3	2	2	16	2	2	1

续表二

序号	订单号	年份	市场	产品	数量	金额	账期	交货期	ISO
46	2-18112346	2	3	2	1	7	1	4	2
47	2-18112347	2	3	2	1	7	1	3	1
48	2-18112348	2	3	2	1	8	2	2	0
49	2-18112349	2	3	3	3	28	1	2	0
50	2-18112350	2	3	3	2	18	3	4	0
51	2-18112351	2	3	3	2	17	1	4	0
52	2-18112352	2	3	3	2	16	1	4	0
53	2-18112353	2	3	3	2	17	2	3	3
54	2-18112354	2	3	3	2	16	1	3	3
55	2-18112355	2	3	3	1	9	3	2	0
56	2-18112356	2	3	4	2	21	1	4	1
57	2-18112357	2	3	4	2	21	3	4	2
58	2-18112358	2	3	4	2	21	2	4	0
59	2-18112359	2	3	4	2	22	1	3	0
60	2-18112360	2	3	4	2	22	2	3	3
61	2-18112361	2	3	4	2	23	1	2	2
62	2-18112362	2	3	4	1	12	2	2	0
63	2-18112363	2	2	1	4	22	2	3	2
64	2-18112364	2	2	1	3	16	2	4	0
65	2-18112365	2	2	1	3	17	2	2	2
66	2-18112366	2	2	1	2	10	1	4	0
67	2-18112367	2	2	1	2	11	2	3	0
68	2-18112368	2	2	1	1	5	1	3	0
69	2-18112369	2	2	1	1	5	1	2	1
70	2-18112370	2	2	3	3	26	3	4	0
71	2-18112371	2	2	3	3	25	1	4	0
72	2-18112372	2	2	3	3	24	1	4	0
73	2-18112373	2	2	3	3	25	2	3	0
74	2-18112374	2	2	3	3	26	1	2	0
75	2-18112375	2	2	3	1	8	1	4	0
76	2-18112376	2	2	3	1	8	2	3	0

续表三

序号	订单号	年份	市场	产品	数量	金额	账期	交货期	ISO
77	2-18112377	2	2	3	1	9	2	2	1
78	2-18112378	2	2	3	1	9	1	2	0
79	2-18112379	2	2	4	2	20	1	4	2
80	2-18112380	2	2	4	2	21	3	4	0
81	2-18112381	2	2	4	2	20	1	3	0
82	2-18112382	2	2	4	2	21	2	3	1
83	2-18112383	2	2	4	2	20	1	3	0
84	2-18112384	2	2	4	2	22	2	2	1
85	2-18112385	2	2	4	1	10	1	4	0
86	2-18112386	3	1	1	4	20	2	4	0
87	2-18112387	3	1	1	4	20	2	3	0
88	2-18112388	3	1	1	4	20	1	3	0
89	2-18112389	3	1	1	4	22	1	1	1
90	2-18112390	3	1	1	2	10	2	4	0
91	2-18112391	3	1	1	2	11	3	2	0
92	2-18112392	3	1	1	2	11	1	2	0
93	2-18112393	3	1	1	2	11	2	1	2
94	2-18112394	3	1	1	1	5	3	4	0
95	2-18112395	3	1	1	1	5	1	4	1
96	2-18112396	3	1	1	1	5	1	2	2
97	2-18112397	3	1	1	1	5	1	1	1
98	2-18112398	3	1	4	4	28	2	4	3
99	2-18112399	3	1	4	4	30	0	3	0
100	2-18112400	3	1	4	4	31	2	2	0
101	2-18112401	3	1	4	4	30	3	2	3
102	2-18112402	3	1	3	3	22	2	2	1
103	2-18112403	3	1	2	2	15	1	2	1
104	2-18112404	3	1	1	1	8	1	4	0
105	2-18112405	3	1	1	1	7	3	3	0
106	2-18112406	3	1	1	1	8	1	1	0
107	2-18112407	3	1	4	4	41	2	4	2

续表四

序号	订单号	年份	市场	产品	数量	金额	账期	交货期	ISO
108	2-18112408	3	1	4	4	42	1	3	1
109	2-18112409	3	1	4	2	21	2	3	0
110	2-18112410	3	1	4	2	22	1	2	0
111	2-18112411	3	1	4	2	22	2	1	0
112	2-18112412	3	1	4	1	11	2	2	0
113	2-18112413	3	3	1	4	20	2	4	0
114	2-18112414	3	3	1	4	20	1	2	0
115	2-18112415	3	3	1	4	22	3	1	1
116	2-18112416	3	3	1	3	15	2	4	1
117	2-18112417	3	3	1	3	15	1	4	0
118	2-18112418	3	3	1	3	15	2	4	0
119	2-18112419	3	3	1	3	16	1	1	0
120	2-18112420	3	3	1	2	10	2	4	1
121	2-18112421	3	3	1	2	10	1	3	1
122	2-18112422	3	3	1	2	10	1	2	0
123	2-18112423	3	3	1	1	5	1	4	1
124	2-18112424	3	3	1	1	5	2	3	0
125	2-18112425	3	3	1	1	6	2	1	0
126	2-18112426	3	3	3	4	34	1	4	0
127	2-18112427	3	3	3	3	25	1	4	3
128	2-18112428	3	3	3	3	27	2	2	0
129	2-18112429	3	3	3	2	18	3	3	0
130	2-18112430	3	3	3	1	9	1	3	1
131	2-18112431	3	3	3	1	9	2	2	1
132	2-18112432	3	3	4	4	40	1	3	1
133	2-18112433	3	3	4	2	22	2	4	0
134	2-18112434	3	3	4	2	22	3	1	0
135	2-18112435	3	3	4	1	11	1	3	0
136	2-18112436	3	3	4	1	10	2	2	0
137	2-18112437	3	2	1	4	20	2	4	1
138	2-18112438	3	2	1	4	22	1	2	0

续表五

序号	订单号	年份	市场	产品	数量	金额	账期	交货期	ISO
139	2-18112439	3	2	1	3	17	3	4	0
140	2-18112440	3	2	1	3	15	1	3	0
141	2-18112441	3	2	1	2	11	1	2	0
142	2-18112442	3	2	1	2	11	2	2	2
143	2-18112443	3	2	1	2	12	3	1	2
144	2-18112444	3	2	1	1	5	1	3	2
145	2-18112445	3	2	1	1	6	2	2	0
146	2-18112446	3	2	2	4	30	1	4	0
147	2-18112447	3	2	2	3	22	2	3	0
148	2-18112448	3	2	2	3	23	2	2	1
149	2-18112449	3	2	2	3	21	1	2	2
150	2-18112450	3	2	2	3	22	2	1	1
151	2-18112451	3	2	2	2	15	3	4	0
152	2-18112452	3	2	2	2	15	2	3	0
153	2-18112453	3	2	2	2	15	3	2	0
154	2-18112454	3	2	2	2	16	2	1	1
155	2-18112455	3	2	2	1	8	2	3	3
156	2-18112456	3	2	2	1	8	1	1	0
157	2-18112457	3	2	3	4	33	2	4	2
158	2-18112458	3	2	3	3	26	1	3	0
159	2-18112459	3	2	3	3	27	1	1	0
160	2-18112460	3	2	3	2	17	3	4	0
161	2-18112461	3	2	3	2	16	1	3	0
162	2-18112462	3	2	3	1	8	2	4	0
163	2-18112463	3	2	3	1	9	2	3	1
164	2-18112464	3	2	3	1	10	1	1	0
165	2-18112465	3	4	2	3	23	1	4	0
166	2-18112466	3	4	2	2	15	2	4	2
167	2-18112467	3	4	2	2	15	1	3	0
168	2-18112468	3	4	2	2	16	2	3	0
169	2-18112469	3	4	2	2	16	0	2	1

续表六

序号	订单号	年份	市场	产品	数量	金额	账期	交货期	ISO
170	2-18112470	3	4	2	2	15	3	1	1
171	2-18112471	3	4	2	1	7	2	4	0
172	2-18112472	3	4	2	1	8	1	2	0
173	2-18112473	3	4	3	4	34	2	4	0
174	2-18112474	3	4	3	4	35	3	4	1
175	2-18112475	3	4	3	4	35	3	3	1
176	2-18112476	3	4	3	3	25	1	4	0
177	2-18112477	3	4	3	2	17	1	2	0
178	2-18112478	3	4	3	1	9	2	3	0
179	2-18112479	3	4	3	1	9	1	1	1
180	2-18112480	3	4	4	4	42	1	1	0
181	2-18112481	3	4	4	3	30	1	4	1
182	2-18112482	3	4	4	2	22	2	3	2
183	2-18112483	3	4	4	2	22	1	2	0
184	2-18112484	3	4	4	1	10	2	3	1
185	2-18112485	3	4	4	1	11	2	1	3
186	2-18112486	4	1	1	4	20	1	3	1
187	2-18112487	4	1	1	3	14	2	4	0
188	2-18112488	4	1	1	3	13	1	4	0
189	2-18112489	4	1	1	3	15	2	2	0
190	2-18112490	4	1	1	3	16	2	1	1
191	2-18112491	4	1	1	2	9	1	4	0
192	2-18112492	4	1	1	2	10	3	4	0
193	2-18112493	4	1	1	2	10	1	3	2
194	2-18112494	4	1	1	2	10	2	3	0
195	2-18112495	4	1	1	1	5	1	2	0
196	2-18112496	4	1	1	1	5	1	1	0
197	2-18112497	4	1	3	3	25	2	4	0
198	2-18112498	4	1	3	3	28	2	2	2
199	2-18112499	4	1	3	3	25	3	1	1
200	2-18112500	4	1	3	2	16	1	4	0

续表七

序号	订单号	年份	市场	产品	数量	金额	账期	交货期	ISO
201	2-18112501	4	1	3	2	16	1	4	2
202	2-18112502	4	1	3	2	17	1	3	0
203	2-18112503	4	1	3	2	16	3	3	0
204	2-18112504	4	1	3	2	17	2	2	1
205	2-18112505	4	1	3	2	18	2	1	1
206	2-18112506	4	1	3	2	17	1	1	0
207	2-18112507	4	1	3	1	9	4	4	0
208	2-18112508	4	1	4	3	30	1	3	0
209	2-18112509	4	1	4	2	21	3	4	0
210	2-18112510	4	1	4	2	21	2	4	2
211	2-18112511	4	1	4	2	20	1	3	0
212	2-18112512	4	1	4	2	21	1	2	0
213	2-18112513	4	1	4	2	22	2	2	1
214	2-18112514	4	1	4	2	22	2	1	2
215	2-18112515	4	1	4	1	11	1	3	0
216	2-18112516	4	5	1	4	19	1	4	0
217	2-18112517	4	5	1	4	19	3	4	2
218	2-18112518	4	5	1	4	20	2	2	0
219	2-18112519	4	5	1	3	15	1	3	2
220	2-18112520	4	5	1	3	16	2	2	0
221	2-18112521	4	5	1	3	16	1	1	0
222	2-18112522	4	5	1	2	9	1	4	0
223	2-18112523	4	5	1	2	10	3	4	0
224	2-18112524	4	5	1	2	10	2	3	0
225	2-18112525	4	5	1	2	10	1	3	0
226	2-18112526	4	5	1	2	10	1	2	0
227	2-18112527	4	5	1	2	11	1	1	0
228	2-18112528	4	5	1	1	5	3	4	2
229	2-18112529	4	5	1	1	5	1	1	0
230	2-18112530	4	5	1	1	6	2	1	0
231	2-18112531	4	5	2	4	30	1	2	0

续表八

序号	订单号	年份	市场	产品	数量	金额	账期	交货期	ISO
232	2-18112532	4	5	2	3	22	2	4	0
233	2-18112533	4	5	2	3	23	1	3	0
234	2-18112534	4	5	2	2	16	2	3	0
235	2-18112535	4	5	2	1	7	1	4	2
236	2-18112536	4	5	2	1	7	3	3	1
237	2-18112537	4	5	2	1	8	2	2	3
238	2-18112538	4	5	2	1	8	2	1	1
239	2-18112539	4	5	3	4	33	1	4	2
240	2-18112540	4	5	3	4	33	2	4	0
241	2-18112541	4	5	3	3	23	1	4	0
242	2-18112542	4	5	3	3	24	2	2	0
243	2-18112543	4	5	3	2	17	2	3	1
244	2-18112544	4	5	3	2	17	2	1	3
245	2-18112545	4	5	3	1	8	1	4	0
246	2-18112546	4	5	3	1	8	3	4	0
247	2-18112547	4	5	3	1	8	1	3	0
248	2-18112548	4	5	3	1	8	2	2	3
249	2-18112549	4	5	3	1	9	1	1	1
250	2-18112550	4	5	4	3	30	2	4	2
251	2-18112551	4	5	4	3	33	1	3	0
252	2-18112552	4	5	4	3	34	2	1	0
253	2-18112553	4	5	4	2	22	1	2	0
254	2-18112554	4	5	4	1	10	1	4	2
255	2-18112555	4	5	4	1	11	1	1	0
256	2-18112556	4	3	1	4	20	1	4	2
257	2-18112557	4	3	1	4	20	2	3	0
258	2-18112558	4	3	1	4	21	1	2	2
259	2-18112559	4	3	1	3	14	2	4	1
260	2-18112560	4	3	1	3	14	1	3	2
261	2-18112561	4	3	1	2	10	3	4	0
262	2-18112562	4	3	1	2	10	2	3	3

续表九

序号	订单号	年份	市场	产品	数量	金额	账期	交货期	ISO
263	2-18112563	4	3	1	2	10	2	2	0
264	2-18112564	4	3	1	2	10	1	1	2
265	2-18112565	4	3	1	1	5	1	1	0
266	2-18112566	4	3	3	4	33	2	3	0
267	2-18112567	4	3	3	3	25	2	4	0
268	2-18112568	4	3	3	3	25	1	4	0
269	2-18112569	4	3	3	2	16	1	4	1
270	2-18112570	4	3	3	2	17	2	3	1
271	2-18112571	4	3	3	2	17	2	1	0
272	2-18112572	4	3	3	1	8	2	4	0
273	2-18112573	4	3	3	1	9	1	3	0
274	2-18112574	4	3	3	1	9	1	2	0
275	2-18112575	4	2	2	4	29	1	4	1
276	2-18112576	4	2	2	4	29	2	3	0
277	2-18112577	4	2	2	3	22	1	4	0
278	2-18112578	4	2	2	3	25	2	1	0
279	2-18112579	4	2	2	2	14	1	4	0
280	2-18112580	4	2	2	2	14	1	4	0
281	2-18112581	4	2	2	2	15	2	3	3
282	2-18112582	4	2	2	2	15	2	3	0
283	2-18112583	4	2	2	2	16	2	2	3
284	2-18112584	4	2	2	2	16	4	1	0
285	2-18112585	4	2	2	1	8	3	2	1
286	2-18112586	4	2	2	1	8	2	1	0
287	2-18112587	4	2	2	4	29	3	4	0
288	2-18112588	4	2	2	3	22	1	4	0
289	2-18112589	4	2	2	3	24	3	2	0
290	2-18112590	4	2	2	2	14	1	4	0
291	2-18112591	4	2	2	2	15	1	3	0
292	2-18112592	4	2	2	2	17	2	1	2
293	2-18112593	4	2	2	1	8	2	4	2

续表十

序号	订单号	年份	市场	产品	数量	金额	账期	交货期	ISO
294	2-18112594	4	2	2	1	7	2	3	0
295	2-18112595	4	2	2	1	8	1	2	2
296	2-18112596	4	2	2	1	8	2	1	0
297	2-18112597	4	4	4	4	40	2	4	2
298	2-18112598	4	4	4	3	31	2	4	0
299	2-18112599	4	4	4	3	32	1	2	1
300	2-18112600	4	4	4	2	20	2	4	3
301	2-18112601	4	4	4	2	20	2	4	3
302	2-18112602	4	4	4	2	22	1	2	3
303	2-18112603	4	4	4	1	10	1	3	3
304	2-18112604	4	4	4	1	10	1	3	3
305	2-18112605	4	4	4	1	11	2	1	3

任务六　模拟运营实训操作

通过理论知识的学习,学生需要通过实训操练,加强对企业运营的理解,本节主要以学生为主体,让学生模拟企业运营操作,强化技能。

一、企业模拟运营

填写企业模拟经营过程记录表及财务报表 (6 个年度) 如下:

第 1 年运营情况表见表 5-23 ～表 5-29。

表 5-23　企业运营任务清单——第 1 年

内　容	第 1 季度	第 2 季度	第 3 季度	第 4 季度
新年度企划会议				
参加订货会 / 登记销售订单				
制定新年度生产计划				
支付税金				
期初现金盘点 (填写余额)				
更新短期贷款 / 还本付息 / 申请短期贷款 (高利贷)				
更新应付款 / 归还应付款				
原材料入库 / 更新原材料订单				
下原材料订单				

续表

内　　容	第 1 季度	第 2 季度	第 3 季度	第 4 季度
更新生产 / 完工入库				
投资新生产线 / 变卖生产线 / 生产线转产				
向其他企业购买原材料 / 出售原材料				
开始下一批生产				
更新应收款 / 应收款收现				
出售厂房				
向其他企业购买成品 / 出售成品				
按订单交货				
产品研发投资				
支付行政管理费用				
其他现金收支情况				
支付利息 / 更新长期贷款 / 申请长期贷款				
支付设备维护费				
支付租金 / 购买厂房				
计提折旧				（　　）
新市场开拓 /ISO 资格认证投资				
结账				
现金收入合计				
现金支出合计				
期末盘点	期末现金对账（填写余额）				
	原材料库存（采购总监填写）				
	半成品（生产总监填写）				
	产成品库存（市场营销总监填写）				

表 5-24　订单登记表——第 1 年

订单号								合计
市场								
产品								
数量								
账期								
销售额								
成本								
毛利								

表 5-25　产品核算统计表——第 1 年

项　目	P1	P2	P3	P4	合计
数量					
销售额					
成本					
毛利					

说明：1 个 P1 的成本为 2 M；1 个 P2 的成本为 3 M；1 个 P3 的成本为 4 M；1 个 P4 的成本为 5 M。

表 5-26　综合管理明细表——第 1 年

项　目	金　额	备　注
管理费		
广告费		
维护费		
租金		
转产费		
市场准入开拓		□区域　□国内　□亚洲　□国际
ISO 资格认证		□ ISO 9000　　□ 1SO 14000
产品研发		P2(　　)　P3(　　)　P4(　　)
其他		
合计		

表 5-27　利润表——第 1 年

项　目	上　年　数	本　年　数
销售收入		
直接成本		
毛利		
综合费用		
折旧前利润		
折旧		
支付利息前利润		
财务收入 / 支出		
其他收入 / 支出		

续表

项　目	上　年　数	本　年　数
税前利润		
所得税		
净利润		

说明：

① 利润表中的销售收入指本年实际销售的产品销售额，从产品核算统计表中获取数据。

② 利润表中所得税的计算，若税前利润为负数，则不需要扣所得税；若为正数时，应首先弥补以前年度的亏损，弥补后还有余额的再计算所得税。

表 5-28　资产负债表——第 1 年

资　产	期初数	期末数	负债和所有者权益	期初数	期末数
流动资产：			负债：		
现金			短期负债		
应收账款			长期负债		
半成品			应付账款		
产成品			应交税费		
原材料			一年内到期的长期负债		
流动资产合计			负债合计		
固定资产：			所有者权益：		
土地和建筑			股东资本		
机器与设备			利润留存		
在建工程			年度净利		
固定资产合计			所有者权益合计		
资产总计			负债和所有者权益总计		

表 5-29　物理沙盘模拟企业经营——第 1 年总结

这是你们自主当家的第 1 年，感觉如何？是不是一个有收益的年度？你们的战略执行得怎么样？将你的感想记录下来和你的团队分享。

学会什么，记录知识点。

企业经营中遇到哪些问题？

下一年准备如何改进？

第 2 ～ 6 年经营情况表见表 5-30 ～表 5-64。

表 5-30　企业运营任务清单——第 2 年

内　容	第 1 季度	第 2 季度	第 3 季度	第 4 季度
新年度企划会议				
参加订货会 / 登记销售订单				
制定新年度生产计划				
支付税金				
期初现金盘点 (填写余额)				
更新短期贷款 / 还本付息 / 申请短期贷款 (高利贷)				
更新应付款 / 归还应付款				
原材料入库 / 更新原材料订单				
下原材料订单				
更新生产 / 完工入库				
投资新生产线 / 变卖生产线 / 生产线转产				
向其他企业购买原材料 / 出售原材料				
开始下一批生产				
更新应收款 / 应收款收现				
出售厂房				
向其他企业购买成品 / 出售成品				
按订单交货				

续表

内 容	第1季度	第2季度	第3季度	第4季度
产品研发投资				
支付行政管理费用				
其他现金收支情况				
支付利息/更新长期贷款/申请长期贷款				
支付设备维护费				
支付租金/购买厂房				
计提折旧				( )
新市场开拓/ISO资格认证投资				
结账				
现金收入合计				
现金支出合计				

	期末盘点	第1季度	第2季度	第3季度	第4季度
期末盘点	期末现金对账(填写余额)				
	原材料库存(采购总监填写)				
	半成品(生产总监填写)				
	产成品库存(市场营销总监填写)				

表 5-31 订单登记表——第 2 年

订单号							合计
市场							
产品							
数量							
账期							
销售额							
成本							
毛利							

表 5-32 产品核算统计表——第 2 年

项目	P1	P2	P3	P4	合计
数量					
销售额					
成本					
毛利					

说明:1 个 P1 的成本为 2 M;1 个 P2 的成本为 3 M;1 个 P3 的成本为 4 M;1 个 P4 的成本为 5 M。

表 5-33　综合管理明细表——第 2 年

项　目	金　额	备　注
管理费		
广告费		
维护费		
租金		
转产费		
市场准入开拓		□区域　□国内　□亚洲　□国际
ISO 资格认证		□ ISO 9000　　　□ 1SO 14000
产品研发		P2(　　)　P3(　　)　P4(　　)
其他		
合计		

表 5-34　利润表——第 2 年

项　目	上　年　数	本　年　数
销售收入		
直接成本		
毛利		
综合费用		
折旧前利润		
折旧		
支付利息前利润		
财务收入 / 支出		
其他收入 / 支出		
税前利润		
所得税		
净利润		

说明:

① 利润表中的销售收入指本年实际销售的产品销售额,从产品核算统计表中获取数据。

② 利润表中所得税的计算,若税前利润为负数,则不需要扣所得税;若为正数时,应首先弥补以前年度的亏损,弥补后还有余额的再计算所得税。

表 5-35　资产负债表——第 2 年

资产	期初数	期末数	负债和所有者权益	期初数	期末数
流动资产：			负债：		
现金			短期负债		
应收账款			长期负债		
半成品			应付账款		
产成品			应交税费		
原材料			一年内到期的长期负债		
流动资产合计			负债合计		
固定资产：			所有者权益：		
土地和建筑			股东资本		
机器与设备			利润留存		
在建工程			年度净利		
固定资产合计			所有者权益合计		
资产总计			负债和所有者权益总计		

表 5-36　物理沙盘模拟企业经营——第 2 年总结

现在是你们操作的第 2 年，肯定获得了与第一年不同的感受吧，渐渐从感性走向理性。将你的感想记录下来和你的团队分享。

学会什么，记录知识点。

企业经营中遇到哪些问题？

下一年准备如何改进？

表 5-37　企业运营任务清单——第 3 年

内　容	第 1 季度	第 2 季度	第 3 季度	第 4 季度
新年度企划会议				
参加订货会 / 登记销售订单				
制定新年度生产计划				
支付税金				
期初现金盘点 (填写余额)				
更新短期贷款 / 还本付息 / 申请短期贷款 (高利贷)				
更新应付款 / 归还应付款				
原材料入库 / 更新原材料订单				
下原材料订单				
更新生产 / 完工入库				
投资新生产线 / 变卖生产线 / 生产线转产				
向其他企业购买原材料 / 出售原材料				
开始下一批生产				
更新应收款 / 应收款收现				
出售厂房				
向其他企业购买成品 / 出售成品				
按订单交货				
产品研发投资				
支付行政管理费用				
其他现金收支情况				
支付利息 / 更新长期贷款 / 申请长期贷款				
支付设备维护费				
支付租金 / 购买厂房				
计提折旧				(　)
新市场开拓 /ISO 资格认证投资				
结账				
现金收入合计				
现金支出合计				
期末盘点 期末现金对账 (填写余额)				
原材料库存 (采购总监填写)				
半成品 (生产总监填写)				
产成品库存 (市场营销总监填写)				

表 5-38 订单登记表——第 3 年

订单号							合计
市场							
产品							
数量							
账期							
销售额							
成本							
毛利							

表 5-39 产品核算统计表——第 3 年

项目	P1	P2	P3	P4	合计
数量					
销售额					
成本					
毛利					

说明：1 个 P1 的成本为 2 M；1 个 P2 的成本为 3 M；1 个 P3 的成本为 4 M；1 个 P4 的成本为 5 M。

表 5-40 综合管理明细表——第 3 年

项 目	金 额	备 注
管理费		
广告费		
维护费		
租金		
转产费		
市场准入开拓		□区域 □国内 □亚洲 □国际
ISO 资格认证		□ ISO 9000 □1SO 14000
产品研发		P2( ) P3( ) P4( )
其他		
合计		

表 5-41 利润表——第 3 年

项 目	上 年 数	本 年 数
销售收入		
直接成本		
毛利		
综合费用		

项　目	上　年　数	本　年　数
折旧前利润		
折旧		
支付利息前利润		
财务收入／支出		
其他收入／支出		
税前利润		
所得税		
净利润		

说明：

① 利润表中的销售收入指本年实际销售的产品销售额，从产品核算统计表中获取数据。

② 利润表中所得税的计算，若税前利润为负数，则不需要扣所得税；若为正数时，应首先弥补以前年度的亏损，弥补后还有余额的再计算所得税。

表 5-42　资产负债表——第 3 年

资产	期初数	期末数	负债和所有者权益	期初数	期末数
流动资产：			负债：		
现金			短期负债		
应收账款			长期负债		
半成品			应付账款		
产成品			应交税费		
原材料			一年内到期的长期负债		
流动资产合计			负债合计		
固定资产：			所有者权益：		
土地和建筑			股东资本		
机器与设备			利润留存		
在建工程			年度净利		
固定资产合计			所有者权益合计		
资产总计			负债和所有者权益总计		

表 5-43　物理沙盘模拟企业经营——第 4 年总结

3 年的时间是一个很长的时间跨度，回过头审视你们的战略是否成功？对产品和市场做一次精确的分析有助于发现利润点在哪里。
学会什么，记录知识点。

续表

企业经营中遇到哪些问题？

下一年准备如何改进？

表 5-44　企业运营任务清单——第 4 年

内容	第 1 季度	第 2 季度	第 3 季度	第 4 季度
新年度企划会议				
参加订货会 / 登记销售订单				
制定新年度生产计划				
支付税金				
期初现金盘点（填写余额）				
更新短期贷款 / 还本付息 / 申请短期贷款（高利贷）				
更新应付款 / 归还应付款				
原材料入库 / 更新原材料订单				
下原材料订单				
更新生产 / 完工入库				
投资新生产线 / 变卖生产线 / 生产线转产				
向其他企业购买原材料 / 出售原材料				
开始下一批生产				
更新应收款 / 应收款收现				
出售厂房				
向其他企业购买成品 / 出售成品				
按订单交货				

内容		第 1 季度	第 2 季度	第 3 季度	第 4 季度
产品研发投资					
支付行政管理费用					
其他现金收支情况					
支付利息 / 更新长期贷款 / 申请长期贷款					
支付设备维护费					
支付租金 / 购买厂房					
计提折旧					( )
新市场开拓 /ISO 资格认证投资					
结账					
现金收入合计					
现金支出合计					
期末盘点	期末现金对账 (填写余额)				
	原材料库存 (采购总监填写)				
	半成品 (生产总监填写)				
	产成品库存 (市场营销总监填写)				

表 5-45　订单登记表——第 4 年

订单号								合计
市场								
产品								
数量								
账期								
销售额								
成本								
毛利								

表 5-46　产品核算统计表——第 4 年

项目	P1	P2	P3	P4	合计
数量					
销售额					
成本					
毛利					

说明：1 个 P1 的成本为 2 M；1 个 P2 的成本为 3 M；1 个 P3 的成本为 4 M；1 个 P4 的成本为 5 M。

表 5-47　综合管理明细表——第 4 年

项　目	金　额	备　注
管理费		
广告费		
维护费		
租金		
转产费		
市场准入开拓		□区域　□国内　□亚洲　□国际
ISO 资格认证		□ ISO 9000　　　□ 1SO 14000
产品研发		P2(　　)　P3(　　)　P4(　　)
其他		
合计		

表 5-48　利润表——第 4 年

项　目	金　额	备　注
销售收入		
直接成本		
毛利		
综合费用		
折旧前利润		
折旧		
支付利息前利润		
财务收入 / 支出		
其他收入 / 支出		
税前利润		
所得税		
净利润		

说明：

① 利润表中的销售收入指本年实际销售的产品销售额，从产品核算统计表中获取数据。

② 利润表中所得税的计算，若税前利润为负数，则不需要扣所得税；若为正数时，应首先弥补以前年度的亏损，弥补后还有余额的再计算所得税。

表 5-49　资产负债表——第 4 年

资产	期初数	期末数	负债和所有者权益	期初数	期末数
流动资产：			负债：		
现金			短期负债		
应收账款			长期负债		

资产	期初数	期末数	负债和所有者权益	期初数	期末数
半成品			应付账款		
产成品			应交税费		
原材料			一年内到期的长期负债		
流动资产合计			负债合计		
固定资产:			所有者权益:		
土地和建筑			股东资本		
机器与设备			利润留存		
在建工程			年度净利		
固定资产合计			所有者权益合计		
资产总计			负债和所有者权益总计		

表 5-50　物理沙盘模拟企业经营——第 4 年总结

又一个新的 3 年开始了，前期已经有了 3 年的管理经验。新的 3 年里，如何有效利用资源，扩大市场份额，提高利润总额是管理者最关注的问题，与前 3 年的相比，第 4 年有什么进步呢？

学会什么，记录知识点。

企业经营中遇到哪些问题？

下一年准备如何改进？

表 5-51　企业运营任务清单——第 5 年

内容	第 1 季度	第 2 季度	第 3 季度	第 4 季度
新年度企划会议				
参加订货会 / 登记销售订单				
制定新年度生产计划				
支付税金				
期初现金盘点（填写余额）				
更新短期贷款 / 还本付息 / 申请短期贷款（高利贷）				
更新应付款 / 归还应付款				
原材料入库 / 更新原材料订单				
下原材料订单				
更新生产 / 完工入库				
投资新生产线 / 变卖生产线 / 生产线转产				
向其他企业购买原材料 / 出售原材料				
开始下一批生产				
更新应收款 / 应收款收现				
出售厂房				
向其他企业购买成品 / 出售成品				
按订单交货				
产品研发投资				
支付行政管理费用				
其他现金收支情况				
支付利息 / 更新长期贷款 / 申请长期贷款				
支付设备维护费				
支付租金 / 购买厂房				
计提折旧				（　　）
新市场开拓 /ISO 资格认证投资				
结账				
现金收入合计				
现金支出合计				
期末盘点 期末现金对账（填写余额）				
原材料库存（采购总监填写）				
半成品（生产总监填写）				
产成品库存（市场营销总监填写）				

表 5-52　订单登记表——第 5 年

订单号									合计
市场									
产品									
数量									
账期									
销售额									
成本									
毛利									

表 5-53　产品核算统计表——第 5 年

项目	P1	P2	P3	P4	合计
数量					
销售额					
成本					
毛利					

说明：1 个 P1 的成本为 2 M；1 个 P2 的成本为 3 M；1 个 P3 的成本为 4 M；1 个 P4 的成本为 5 M。

表 5-54　综合管理明细表——第 5 年

项　目	金　额	备　注
管理费		
广告费		
维护费		
租金		
转产费		
市场准入开拓		□区域　□国内　□亚洲　□国际
ISO 资格认证		□ ISO 9000　　　□1SO 14000
产品研发		P2(　)　P3(　)　P4(　)
其他		
合计		

表 5-55　利润表——第 5 年

项　目	上　年　数	本　年　数
销售收入		
直接成本		
毛利		
综合费用		
折旧前利润		
折旧		
支付利息前利润		
财务收入 / 支出		
其他收入 / 支出		
税前利润		
所得税		
净利润		

说明：

① 利润表中的销售收入指本年实际销售的产品销售额，从产品核算统计表中获取数据。

② 利润表中所得税的计算，若税前利润为负数，则不需要扣所得税；若为正数时，应首先弥补以前年度的亏损，弥补后还有余额的再计算所得税。

表 5-56　资产负债表——第 5 年

资产	期初数	期末数	负债和所有者权益	期初数	期末数
流动资产：			负债：		
现金			短期负债		
应收账款			长期负债		
半成品			应付账款		
产成品			应交税费		
原材料			一年内到期的长期负债		
流动资产合计			负债合计		
固定资产：			所有者权益：		
土地和建筑			股东资本		
机器与设备			利润留存		
在建工程			年度净利		
固定资产合计			所有者权益合计		
资产总计			负债和所有者权益总计		

表 5-57　物理沙盘模拟企业经营——第 5 年总结

今年已经是企业经验的第 5 年了，谈谈你们的经营感受！
学会什么，记录知识点。
企业经营中遇到哪些问题？
下一年准备如何改进？

表 5-58　企业运营任务清单——第 6 年

内容	第 1 季度	第 2 季度	第 3 季度	第 4 季度
新年度企划会议				
参加订货会 / 登记销售订单				
制定新年度生产计划				
支付税金				
期初现金盘点 (填写余额)				
更新短期贷款 / 还本付息 / 申请短期贷款 (高利贷)				
更新应付款 / 归还应付款				
原材料入库 / 更新原材料订单				
下原材料订单				
更新生产 / 完工入库				
投资新生产线 / 变卖生产线 / 生产线转产				

续表

内容	第1季度	第2季度	第3季度	第4季度
向其他企业购买原材料/出售原材料				
开始下一批生产				
更新应收款/应收款收现				
出售厂房				
向其他企业购买成品/出售成品				
按订单交货				
产品研发投资				
支付行政管理费用				
其他现金收支情况				
支付利息/更新长期贷款/申请长期贷款				
支付设备维护费				
支付租金/购买厂房				
计提折旧				(　)
新市场开拓/ISO资格认证投资				
结账				
现金收入合计				
现金支出合计				
期末盘点	期末现金对账(填写余额)			
	原材料库存(采购总监填写)			
	半成品(生产总监填写)			
	产成品库存(市场营销总监填写)			

表 5-59　订单登记表——第 6 年

订单号							合计
市场							
产品							
数量							
账期							
销售额							
成本							
毛利							

表 5-60　产品核算统计表——第 6 年

项　目	P1	P2	P3	P4	合计
数量					
销售额					
成本					
毛利					

说明：1 个 P1 的成本为 2 M；1 个 P2 的成本为 3 M；1 个 P3 的成本为 4 M；1 个 P4 的成本为 5 M。

表 5-61　综合管理明细表——第 6 年

项　目	金　额	备　注
管理费		
广告费		
维护费		
租金		
转产费		
市场准入开拓		□区域　□国内　□亚洲　□国际
ISO 资格认证		□ ISO 9000　　□ 1SO 14000
产品研发		P2(　　) P3(　　) P4(　　)
其他		
合计		

表 5-62　利润表——第 6 年

项　目	上　年　数	本　年　数
销售收入		
直接成本		
毛利		
综合费用		
折旧前利润		
折旧		
支付利息前利润		
财务收入 / 支出		

项 目	上 年 数	本 年 数
其他收入／支出		
税前利润		
所得税		
净利润		

说明：

① 利润表中的销售收入指本年实际销售的产品销售额，从产品核算统计表中获取数据。

② 利润表中所得税的计算，若税前利润为负数，则不需要扣所得税；若为正数时，应首先弥补以前年度的亏损，弥补后还有余额的再计算所得税。

表 5-63　资产负债表——第 6 年

资产	期初数	期末数	负债和所有者权益	期初数	期末数
流动资产：			负债：		
现金			短期负债		
应收账款			长期负债		
半成品			应付账款		
产成品			应交税费		
原材料			一年内到期的长期负债		
流动资产合计			负债合计		
固定资产：			所有者权益：		
土地和建筑			股东资本		
机器与设备			利润留存		
在建工程			年度净利		
固定资产合计			所有者权益合计		
资产总计			负债和所有者权益总计		

表 5-64　物理沙盘模拟企业经营——第六年总结

经营结束了，同学们是否有意犹未尽的感觉？好好回顾一下 6 个会计年度的经营，你最主要的收获是什么？有什么心得体会？关于课程有哪些希望和建议？
经营情况如何？成绩怎么样？

续表

本次经营你印象最深的内容有哪些？
最重要的收获是什么？有什么经验与他人分享？
你认为决定企业经营成本的关键因素是什么？
有什么希望和建议？

二、经营成果及财务状况

　　每年的经营结束之后，将当年的经营成果及财务状况整理在下面的利润表（见表 5-64）和资产负债表（见表 5-65）中，以便决策者衡量和比较企业的财务指标，及时调整经营决策。

表 5-65　利　润　表

年份	第 1 年	第 2 年	第 3 年	第 4 年	第 5 年	第 6 年
销售收入						
直接成本						
毛利						
综合费用						
折旧前利润						
折旧						
支付利息前利润						
财务收入/支出						

续表

年份	第 1 年	第 2 年	第 3 年	第 4 年	第 5 年	第 6 年
其他收入 / 支出						
税前利润						
所得税						
净利润						

表 5-66　资 产 负 债 表

资产	第 1 年	第 2 年	第 3 年	第 4 年	第 5 年	第 6 年
现金						
应收账款						
半成品						
产成品						
原材料						
流动资产合计						
土地和建筑						
机器与设备						
在建工程						
固定资产合计						
资产总计						
短期负债						
长期负债						
应付账款						
应交税费						
一年内到期的长期负债						
负债合计						
股东资本						
利润留存						
年度净利						
所有者权益合计						
负债与所有者权益合计						

项目六　企业模拟运营管理分析

 学习目标

(1) 掌握企业战略管理分析的工具及方法。
(2) 掌握企业营销管理分析的工具及方法。
(3) 掌握企业生产管理分析的工具及方法。
(4) 掌握企业盈利能力及财务分析的工具及方法。
(5) 掌握企业筹资和投资分析的工具及方法。

在 ERP 沙盘模拟经营过程中，各个模拟公司的初始盘面是一样的，经过几年的模拟经营，不同模拟公司的经营结果完全不一样，有的盈利，有的亏损，有的甚至破产倒闭。"为什么会产生这样的结果呢？我们企业经营得如何？"这是参与本课程学生最关注的问题。企业经营管理分析是揭示企业内在价值和提供创造价值途径的行为，具有明显的导向性。因此，企业经营管理分析与评价能够回答这些问题。本项目主要从企业战略管理、营销管理、生产管理、盈利能力及财务、筹资和投资等角度对企业的经营管理进行分析与评价。

任务一　企业战略管理分析

企业战略是指在市场经济条件下，企业为谋求长期生存和发展，在充分分析外部环境和内部条件的基础上，以正确的指导思想，对企业主要目标、经营方向、重大经营方针、策略和实施步骤，做出长远、系统和全局的谋划。一个完整的企业战略应该包括分析企业的内、外部环境，确定企业在一个较长的时期里要达到什么目标，进而确定企业要生产什么、在哪个时期进入或退出，决定支持或限制某些业务领域，最后确定经营策略，并按照策略运营企业。

一、核心竞争力分析

美国战略学家加里·哈默尔认为，企业是一个知识的集体，企业通过积累过程获得新知识，并使这些知识融入企业的正式和非正式的行为规范，而且这些知识成为左右企业未来积累的主导力量，即核心竞争力。企业间的竞争最终将体现在核心竞争力上。通用电气凭借其核心竞争力，推行其"数一数二"战略，在多个领域成为了世界领先者，并确保相当大的领先优势。核心竞争力识别工具一直是该公司管理层最重要的战略工具之一。加里·哈默尔和普拉哈拉德 (Prahalad) 的核心竞争力 (Core Competence) 模型是一个著名的企业战略模型，其战略流程的出发点是企业的核心力量。

（一）自内而外的企业战略 (Inside-out Corporate Strategy)

传统的自外而内 (Outside-in) 战略（如波特"五力分析模型"）总是将市场、竞争对手、消费者置于战略设计流程的出发点。核心竞争力理论恰好与其相反，认为从长远来看，企业的竞争优势取决于企业能否以低成本、超过对手的速度构建核心竞争力。核心竞争力能够造就意想不到的产品。竞争优势的真正源泉是企业围绕其竞争力整合、巩固工艺技术和生产技能的能力，据此，小企业能够快速调整以适应变化了的商业环境。核心竞争力是具体的、固有的、整合的或应用型的知识、技能和态度的各种不同组合。加里·哈默尔和普拉哈拉德在《企业核心竞争力》一文中驳斥了传统的组合战略。根据他们的观点，把战略事业单元 (SBU) 放在首位，是一个明显的时代错误。加里·哈默尔和普拉哈拉德认为，应该围绕共享的竞争核心来构建企业，SBU 的设置必须要有助于强化发展企业的核心竞争力。企业的中心部门（如财务）不应该作为一个独立层面，它要能够为企业的战略体系链接、竞争力构建增加价值。

参与 ERP 沙盘模拟训练的各个经营团队，应该将核心竞争力的构建提升到一个战略的高度。经营团队不仅要考虑第一年、第二年、第三年的生存问题，更重要的是要考虑到第四、第五、第六年的发展问题。为了强化自己的发展能力，经营团队要思考如何树立自己独一无二的核心竞争能力。核心竞争能力是一种自内而外的企业战略，这种竞争能力是企业自身在长期的发展过程中不断沉淀而积累的一种特殊优势，这种能力不需要依靠任何外力存在。

（二）构建核心竞争力

核心竞争力的构建是通过一系列持续提高和强化来实现的，它应该成为企业的战略核心。从战略层面来讲，它的目标就是帮助企业在设计、发展某一独特的产品功能上实现全球领导地位。企业高管在 SBU 的帮助下，一旦识别出所有的核心竞争力，就会要求企业的项目、人员都必须紧紧围绕这些竞争核心。企业审计人员的职责就是要清楚围绕企业竞争核心的人员配置、数量以及质量。肩负企业核心竞争力的人员应该被经常组织到一起，分享思想、交流经验。

参与 ERP 沙盘模拟训练的各个经营团队开始的起点是完全一样的，它们面临的市场状况也是统一的。但当第六年经营结束的时候，各个经营团队所带领的企业已经产生了极大的差异。有的企业建立了完善的生产线，开拓了足够多的市场；有的企业成了某一个细分市场的霸主；有的企业则是苟延残喘；甚至有的企业已经被淘汰、倒闭。为什么会产生这么大的差异呢？原因在于各个经营团队在经营过程中，有没有把握自己的核心竞争力。各个经营团队所具有的核心竞争力应该是不完全一样的，并且这种能力是瞬息万变的，甚至是稍纵即逝的。当某个经营团队在特定的市场环境下识别出了自己所具有的核心竞争力的时候，就必须使企业的项目、人员紧紧围绕这些核心竞争力来展开，不断地强化、积累、加深，当第六年经营结束的时候，经过六年的时间而构建成的核心竞争力就会成为这个企业安身立命的根源，而这样的核心能力也是企业的竞争对手在短期内所不能模仿的。

（三） 核心竞争力的构成要素

核心竞争力并不是企业内部人、财、物的简单叠加，而是能够使企业在市场中保持和获得竞争优势的、别人不易模仿的能力。具体来讲，核心竞争力包括下列构成要素：

(1) 研究开发能力。这种能力指企业所具有的为增加知识总量以及用这些知识去创造新的知识而进行的系统性创造活动的能力。研究开发包含基础研究、应用研究和技术开发三个层次。

(2) 不断创新的能力。不断创新的能力是指企业根据市场环境变化，在原来的基础上重新整合人才和资本，进行新产品研发并有效组织生产，不断开拓和适应市场，实现企业既定目标的能力。所谓创新，包含技术创新、产品创新和管理创新三个方面的内容。

(3) 组织协调各生产要素有效生产的能力。这种能力不局限于技术层面，它还涉及企业的组织结构、战略目标、运行机制、文化等多方面，突出表现在坚强的团队精神和强大的凝聚力、组织的大局观和整体协调以及资源的有效配置上。

(4) 应变能力。客观环境时刻都在变化，企业决策者必须具有对客观环境变化的敏锐感应能力，必须使经营战略随着客观环境的变化而变化，即因时、因地、因对手、因对象而变化。

核心竞争力的构成要素是参与 ERP 沙盘模拟训练各团队经常思考的问题，也是他们饱受困扰的问题。ERP 沙盘模拟训练要求各经营团队面临本地、区域、国内、亚洲以及国际五个市场，要进行 P1、P2、P3 和 P4 产品的研发，要进行 ISO 9000 的质量认证和 ISO 14000 的环境认证，要进行全自动生产线、柔性生产线的构建，甚至在经营过程中还要进行资金筹集、广告投放的财务管理。诸多的经营要素，哪些才能成为核心竞争力呢？其实，各个经营团队都要认识到，核心竞争力是企业一种综合素质的构建，是企业在长期的经营过程中积累沉淀而成的。单纯依赖开发某个市场、研发某个产品来创建可持续的核心竞争力的想法是不现实的。各个经营团队应该在充分调动自己的研究开发能力、创新能力、组织协调能力、应变能力的基础上，分析每一个经营年度的市场产品状况，同时考虑竞争对手的产品市场策略，灵活机动地进行市场开发、产品研发、生产线构建以及相应的资金管理，这些方面是一个紧密的系统，经营团队要从全局角度来适时调整。

（四） 核心竞争力的识别

企业核心竞争力的识别工具如图 6-1 所示，它可以帮助我们认识企业自身所蕴含的核心竞争力。方法很简单，即在企业的内部资源中，"与竞争对手相似的或比较容易模仿的"能力就属于一般的必要资源，"比竞争对手好的或不容易模仿的"能力就属于企业独一无二的资源。在企业的能力中，"与竞争对手相似的或比较容易模仿的"能力就是一般的基本能力，而"比竞争对手好的或不容易模仿的"能力就是企业的核心竞争力了。

图 6-1 核心竞争力的识别工具

企业在识别核心竞争力时，需要区别资源和能力这两个概念。如果企业具有非常独特的价值资源，但是却没有将这一资源有效开发，那么企业所拥有的这一资源就无法为企业创造竞争优势。另外，当一个企业拥有竞争者所不具有的竞争能力时，该企业并不一定要具有独特而有价值的资源才能建立起独特的竞争能力。

ERP 沙盘模拟的各个经营团队识别自己所带领企业核心竞争力的时候，一定要保持清醒的头脑，某个阶段的领先优势并不代表你就具有了核心竞争力。判断所经营企业是否具备了核心竞争力，需要考虑自己的竞争对手的情况。你的领先优势是否建立在你独一无二的资源上，这里的资源是广义上的资源，即除了物质形态的资源，还包括非物质形态的资源，如管理能力、市场开拓能力、理财能力等。例如，某经营团队通过努力，相对于其他企业先建立了柔性生产线，此处的优势并不意味着该经营团队构建了属于自己的核心竞争力，在以后年度里，其他的经营团队也可以通过不断投入资金来建立自己的柔性生产线；但如果经营团队意识到自己的核心竞争力可能是规模优势的时候，你就可以借助于自己的先入优势，循序渐进地投入资金扩展产能，同时有序地去开拓不同层次的市场，随着这种优势的保持并不断扩大，当经历四五个经营年度后，某个经营企业经过长时间积累起来的优势将有可能成为这个经营团队的核心竞争力。

二、SWOT 分析

SWOT 是一种分析方法，最早是由美国旧金山大学韦里克教授于 20 世纪 80 年代初提出的。所谓 SWOT 分析法，是指一种综合考虑企业内部条件和外部环境的各种因素，进行系统评价，从而选择最佳经营战略的方法。这里 S 是指企业内部的优势 (Strengthes)，W 是指企业内部的劣势 (Weaknesses)，O 是指企业外部环境的机会 (Opportunities)，T 是指企业外部环境的威胁 (Threats)，也可以称为 SO 战略、WO 战略、ST 战略和 WT 战略，如图 6-2 所示。SWOT 分析的指导思想就是在全面把握企业内部优、劣势与外部环境的机会和威胁的基础上，制定符合企业未来发展的战略，发挥优势，克服不足，利用机会，化解威胁。

SWOT分析模型

优势	机会
劣势	威胁

图 6-2 SWOT 分析

（一）优势－机会战略 (SO)

优势－机会战略是一种发挥企业内部优势而利用企业外部机会的战略。所有的企业都希望处于这样一种状况：可以利用自己的内部优势去抓住和利用外部事件变化中所提供的机会。企业通常首先采用 WO、ST 或 WT 战略而达到能够采用 SO 战略的状况。当企业存在重大弱点时，它将努力克服这一弱点而将其变为优势。当企业面临巨大威胁时，它将努力回避这些威胁以便集中精力利用机会。

（二）劣势－机会战略 (WO)

劣势－机会战略的目标是通过利用外部机会来弥补内部弱点。适用于这一战略的基本情况是：存在一些外部机会，但企业有一些内部的弱点妨碍着它利用这些外部机会。例如，市场对可以控制汽车引擎注油时间和注油量的电子装置存在着巨大需求 (机会)，但某些汽车零件制造商可能缺乏生产这一装置的技术 (弱点)。一种可能的 WO 战略是通过与在这一领域有生产能力的企业组建合资企业而得到这一技术；另一种 WO 战略可以是聘用所需人才或培训自己的人员，使他们具备这方面的技术能力。

（三）优势－威胁战略（ST）

优势－威胁战略是利用本企业的优势回避或减轻外部威胁的影响。这并不意味着一个很有优势的企业在前进中总要遇到威胁。一个采用 ST 战略的案例是美国德州仪器公司靠一个出色的法律顾问部门（一种优势）挽回了由于 9 家日本及韩国公司分割本公司半导体芯片专利权（威胁）而造成的近 7 亿美元的损失。在很多产业中，竞争公司模仿本公司计划、创新及专利产品会构成对公司的一种巨大威胁。

（四）劣势－威胁战略（WT）

劣势－威胁战略是一种旨在减少内部弱点，同时回避外部环境威胁的防御性技术。一个面对大量外部威胁和具有众多内部弱点的企业的确处于不安全和不确定的境地。实际上，这样的公司正面临着被并购、收缩、宣告破产或结业清算，因而不得不为自己的生存而奋斗。

ERP 沙盘模拟实训中，各个团队将面临本地、区域、国内、亚洲和国际 5 个市场，4 种产品（P1、P2、P3、P4）。5 个市场的需求量各有差异，并且对产品的质量要求也不同，有的需要 ISO 9000 认证，有的需要 ISO 14000 认证。这些变数对各个团队既是机遇，也是挑战。这就需要在充分考虑竞争对手的竞争策略的基础上，对市场状况作出实时的调整。确定你要进入的市场、要研发的产品，有所为有所不为。市场是充满变数的，各个团队只有充分分析市场状况，采用灵活机动的战术，才有可能赢得优势。

图 6-3 是 A 小组做的 SWOT 分析。A 小组具有的优势：研发了 P4，开拓了 5 个市场，有 6 条全自动生产线、2 条柔性生产线；A 小组存在的劣势：流动资金不足，库存原材料不足，生产计划计算不准；A 小组存在的机会：在亚洲和国内有较高的市场份额，P4 产品将实现较大的销售额；A 小组面临的威胁：D 小组上年的 P4 产品在亚洲占有较高的份额，贷款在第 2 季度到期。在此基础上，A 小组要制定用以完成使命、达到目标的战略，即进行战略选择，实施战略计划。

企业的优势是什么？ (Strengthes) 研发了 P4，开拓了 5 个市场，有 6 条全自动生产线、2 条柔性生产线	企业的劣势是什么？ (Weaknesses) 流动资金不足，库存原材料不足，生产计划计算不准
企业的机会是什么？ (Opportunities) 在亚洲和国内有较高的市场份额，P4 产品将实现较大的销售额	企业的威胁是什么？ (Threats) D 小组上年的 P4 产品在亚洲占有较高的份额，贷款在第 2 季度到期

图 6-3　A 小组 SWOT 分析实例

三、波特五力分析

波特五力模型（Michael Porter's Five Forces Model）又称波特竞争力模型，是由迈克尔·波特（Michael Porter）提出的，它对企业战略制定产生了全球性的深远影响。它用于竞争战略的分析，可以有效地分析客户的竞争环境。"五力"分别是：供方的讨价还价能力、买方的讨价还价能力、潜在竞争者进入的能力、替代品的替代能力、行业内竞争者现在的竞争能力。

波特五力模型将大量不同的因素汇集在一个简便的模型中，以此分析一个行业的基本竞争态势。该模型确定了竞争的五种主要来源。一种可行战略的提出首先应该包括确认并评价这五种力量，不同力量的特性和重要性因行业和公司的不同而变化，如图6-4所示。

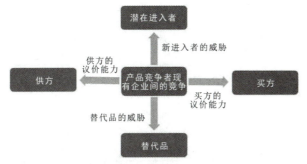

图6-4　波特五力模型

供方主要通过提高投入要素价格与降低单位价值质量的能力，来影响行业中现有企业的盈利能力与产品竞争力。买方主要通过其压价与要求提供较高的产品或服务质量的能力，来影响行业中现有企业的盈利能力。而新进入者在给行业带来新生产能力、新资源的同时，希望能够在已被现有企业瓜分完毕的市场中赢得一席之地，这就有可能会与现有企业发生原材料与市场份额的竞争，最终导致行业中现有企业盈利水平降低，严重时，还有可能危及这些企业的生存。两个处于不同行业中的企业，可能会由于所生产的产品互为替代品，从而在它们之间产生相互竞争行为，这种源自替代品的竞争会以各种形式影响行业中现有企业的竞争战略。大部分行业中的企业，相互之间的利益都是紧密联系在一起的，作为企业整体战略一部分的各企业竞争战略，其目标都在于使得自己的企业获得相对于竞争对手的优势，所以，在实施中必然会产生冲突与对抗现象，这些冲突与对抗就构成了现有企业之间的竞争。

行业中的每一个企业或多或少都必须应对以上各种力量构成的威胁，除非认为正面交锋有必要而且有益处，如要求得到很大的市场份额，否则客户可以通过设置进入壁垒，包括差异化和转换成本来保护自己。当一个客户确定了其优势和劣势时，客户必须进行定位，以便因势利导，而不是被预料到的环境因素，如产品生命周期、行业增长速度等变化所损害，然后保护自己并做好准备，以有效地对其他企业的举动做出反应。

根据上面对于五种竞争力量的讨论，企业可以采取措施尽可能地将自身的经营与竞争力量隔绝开来、努力从自身利益需要出发影响行业竞争规则、先占领有利的市场地位再发起进攻性竞争行动等手段来对付五种竞争力量，以增强自己的市场地位和竞争实力。表6-1列出了波特五力模型与一般战略的关系。

波特五力模型是一种很好的分析工具，但是实践中一直存在着许多争论，它的理论建立在以下三个假定基础之上：

(1) 制定战略者可以了解整个行业的信息，显然现实中是难以做到的。

(2) 同行业之间只有竞争关系，没有合作关系，但现实中企业之间存在多种合作关系，不一定是你死我活的竞争关系。

(3) 行业的规模是固定的，因此只有通过夺取对手的份额来占有更大的资源和市场。但现实中企业之间往往不是通过吃掉对手，而是通过与对手共同做大"行业的蛋糕"来获取更大的资源和市场。同时，市场可以通过不断地开发和创新来增大容量。

表 6-1　波特五力模型与一般战略的关系

行业内的五种力量	一般战略		
	总成本领先战略	产品差异化战略	集中战略
进入障碍	具备杀价能力以阻止潜在对手的进入	培养顾客忠诚度以挫伤潜在进入者的信心	通过集中战略建立核心能力以组织潜在对手的进入
买方砍价能力	具备向大买家出更低价格的能力	因为选择范围小而削弱了大买家的谈判能力	因为没有选择范围而使大买家丧失谈判能力
供方砍价能力	更好地抑制大卖家的砍价能力	更好地将供方的涨价部分转嫁给顾客方	进货量低、供方的砍价能力高，但集中差异化的公司能更好地将供方的涨价部分转嫁出去
替代品的威胁	能够利用低价抵御替代品	顾客习惯于一种独特的产品或服务，因而降低了替代品的威胁	特殊产品和核心能力能够防止替代品的威胁
行业内对手的竞争	能更好地进行价格竞争	品牌的忠诚度能使顾客不理睬竞争对手	竞争对手无法满足集中差异化顾客的需求

　　波特五力模型的意义在于五种竞争力量的抗争中蕴含着三类成功的战略思想——总成本领先战略、产品差异化战略和集中战略。在 ERP 沙盘模拟中，各个团队可从三种战略中选择一种，作为其主导战略。若选择总成本领先战略，就要在降低产品成本和节约费用上下功夫，如合理的广告投入、建设合适的生产线、合理的借贷等，使自己的总成本低于同类企业。若选择差异化战略，无论开拓市场还是研发产品都要做到"人无我有，人有我优"，避开竞争的矛头；当没有对手开拓国际市场时，及时进入国际市场，当没有对手做 P3 产品时，及时研发 P3 产品。若选择集中战略，则要根据市场竞争和产品价格走势，以某种产品 (如 P3 产品) 为重点，加大产能，使该产品在一个或多个市场上形成优势。

任务二　企业营销管理分析

　　谁占领市场，谁就有话语权。在 ERP 沙盘模拟中，市场的占领主要体现为获取订单的多寡。影响订单的因素主要有：某种产品在某市场上的需求、上年的销售额、各组的广告投入。因此，市场预测和竞争对手分析是非常重要的。本节从市场预测、广告投入产出和市场占有率三个方面评价企业的营销策略。

一、市场预测分析

（一）市场预测分析

本部分内容参见企业的经营环境。

（二）市场开拓分析

　　市场细分是由美国著名市场营销学者温德尔·史密斯于 1956 年提出的，是指企业管理者按照细分变数 (影响购买者的欲望和需要、购买习惯和行为等)，把整个市场细分为若干有不同产品需求和营销组合的市场部分或亚市场，其中任何一个市场部分或亚市场都是一个有着相似的欲望和需要的购买者群体，都可能被选为企业的目标市场。所以市场细分不是从产品出发，而是以区别消费者的不同需求为出发点，然后根据消费者购买行为的差异性，把消费者总体市场划分为很多细分市场，其目的在于使企业选择和确定目标市场，实施有效的营销组合，从而以最少、最省的营销费用取得最佳的经营结果。

在 ERP 沙盘模拟中，按地理变量把总体市场细分为"本地""区域""国内""亚洲"和"国际" 5 个市场，其中本地市场是企业已经占有的市场，其余 4 个市场是待开拓的，开拓的周期分别是 1 年、2 年、3 年和 4 年，开拓费用分别为 1 M、2 M、3 M 和 4 M。在开拓市场时是集中开拓还是全面进入呢？有市场才会有订单，有订单企业才会有收入，因此，在有资金支持的条件下，尽量考虑多开拓市场。在争取订单时，根据企业经营的产品，选定主要市场和非主要市场。例如，企业经营的是 P1 产品，第 1 年以本地市场为主；第 2 年以本地市场为主，尽量争取区域市场订单；第 3 年以本地和区域市场为主，尽量争取国内市场订单；第 4 年以本地、区域和国内市场为主，尽量争取亚洲市场订单；第 5、6 年以亚洲市场为主，同时争取国际市场的订单。当然，选择开拓什么市场，还要根据竞争对手的情况来作出判断。

（三）　产品研发分析

波士顿矩阵法是波士顿咨询公司 (BCG) 于 1970 年提出的一种规划企业产品组合的方法，该矩阵是多元化企业制定战略的有效工具，它通过把企业生产经营的全部产品或业务组合成为一个整体进行分析，来解决企业相关经营业务之间现金流的平衡问题，如图 6-5 所示。

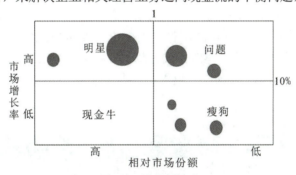

图 6-5　波士顿矩阵

图 6-5 中，横轴"相对市场份额"表示该业务相对于最大的竞争对手的市场份额，用于衡量企业在相关市场上的实力，如 0.1 倍表示该企业该业务的销售量是最大竞争对手销售量的 10%，并以相对市场份额为 1 倍为分界线。纵轴"市场增长率"表示该业务的销售量或销售额的年增长率，用数字 0% ~ 20% 表示，并认为市场增长率超过 10% 就是高速增长。

在 ERP 沙盘模拟中，企业有 P1、P2、P3 和 P4 四种产品可选，用生命周期理论分析各产品的生命周期可看出，在经营的开始阶段，P1 产品处于衰退期，P2 产品处于成熟期，P3 产品处于成长期，P4 产品处于引入期。经波士顿矩阵分析可知，P1 产品市场增长率为负值，正在走下坡路，为"瘦狗"产品，即不可能成为大量现金的源泉，不应追加投入，从长远来看应淘汰。P2 产品在市场增长率上已无太多潜力可挖，但卖价较高，有望成为"现金牛"产品，即能为企业提供较多现金，可用来支持其他产品的研发与生产。P3产品的市场增长迅速，卖价很高，有望成为"明星"产品，但企业必须投入大量资金以支持其研发。P4 产品必须投入巨资进行研发，研发期长，且市场需求小，但卖价尚可，几乎没有竞争压力，按照"人弃我取"的原则，模拟企业根据实际情况也可考虑。

（四）　订单获取

(1) 在选取订单前，应该做好如下相关准备：

① 做好市场开拓、产品研发、资金筹措、生产线建设、原材料采购等前期铺垫工作；

② 统计库存，计算产能，计算每季度能产出的产品和数量；

③ 策划好产品组合方案，计划用什么订单。

(2) 在选择订单时，遵守如下原则：

① 当订单中的产品数量较多时，选取总额最大的订单；

② 当订单中的产品数量较少时，选取单位毛利最大的订单；

③ 当模拟企业的资金紧张时，选取账期最短的订单。

总之，订单的选取要根据模拟企业的具体情况，作出最有利的决策。

二、广告投入产出分析

广告投入产出分析是评价广告投入收益效率的指标，其计算公式为

$$广告投入产出比 = \frac{订单销售总额}{广告投入}$$

广告投入产出分析用来比较各企业在广告投入上的差异。这个指标告诉经营者本公司与竞争对手之间在广告投入策略上的差异，以警示销售主管深入分析市场和竞争对手，寻求节约成本、以策略取胜的突破口。

表 6-2 是 A ～ F 组 6 年中每年的广告投入额度。表 6-3 是 A ～ F 组 6 年中每年的产品销售收入金额。应用广告投入产出公式计算出 6 年总的广告投入产出比，如图 6-6 所示。从中可以看出，C 组每 1M 的广告投入可以为它带来 15.47 M 的销售收入，因此广告投入产出比胜过其他组。

表 6-2　各年广告投入情况　　　　　　　单位：百万元

组	1Y	2Y	3Y	4Y	5Y	6Y	合计
A	6	5	9	6	7	16	49
B	20	7	9	3	5	11	55
C	5	7	14	7	5	11	49
D	9	13	9	4	8	12	55
E	5	10	5	10	16	16	62
F	4	14	8	10	10	11	57

表 6-3　各年销售收入情况　　　　　　　单位：百万元

组	1Y	2Y	3Y	4Y	5Y	6Y	合计
A	24	39	61	30	98	261	513
B	15	56	71	84	124	181	531
C	20	54	157	125	150	252	758
D	23	72	71	100	177	102	545
E	5	22	87	133	227	266	740
F	16	38	72	68	137	100	431

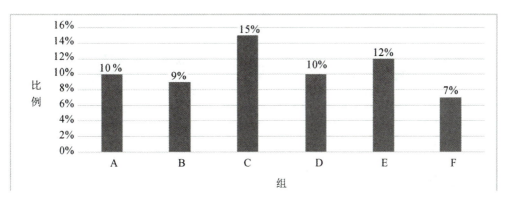

图 6-6　广告投入产出比

三、市场占有率分析

（一）综合市场占有率

综合市场占有率是指某企业在某个市场上全部产品的销售数量（收入）与该市场全部企业全部产品的销售数量（收入）之比，其计算公式为

$$某市场某企业的综合市场占有率 = \frac{该企业在该市场上全部产品的销售数量（收入）}{全部企业在该市场上各类产品总销售数量（收入）} \times 100\%$$

（二）产品市场占有率

了解企业在各个市场的占有率仅仅是第一步，进一步确知企业生产的各类产品在各个市场的占有率对企业分析市场、确立竞争优势也是非常必要的。其计算公式为

$$某产品市场占有率 = \frac{该企业在市场中销售的该类产品总数量（收入）}{市场中该类产品总销售数量（收入） \times 100\%}$$

市场占有率分析可以在两个方向上展开：一是横向分析，二是纵向分析。横向分析是对同一期间各企业市场占有率的数据进行对比，用以确定某企业在本年度的市场地位。纵向分析是对同一企业不同年度市场占有率的数据进行对比，由此可以看到企业历年来市场占有率的变化，这也从侧面反映了企业成长的历程。

任务三　企业生产管理分析

沙盘模拟实践前期，资金比较重要，后期产能比较重要。在扩大产能时会遇到一些选择问题。例如，上新生产线就会遇到上哪种生产线更好一些的问题，用新生产线会遇到生产什么产品的问题；同时，还会遇到产能达到多少为宜的问题等。

一、生产线选择

不同类型生产线的主要区别在于生产效率和灵活性。生产效率是指单位时间生产产品的数量，用产能表示；灵活性是指转产生产新产品时设备调整的难易性，主要以转产费用的高低和转产周期的长短为标准。我们根据表 6-4 对各种生产线进行比较分析。

表 6-4　生产线资料

生产线	购买价格	安装周期	搬迁周期	生产周期	转产周期	转产费用	维护费用	出售残值
手工线	5 M	1Q	无	3Q	无	无	1 M/ 年	1 M
半自动	10 M	2Q	无	2Q	1Q	2 M	1 M/ 年	3 M
全自动	15 M	3Q	1Q	1Q	2Q	6 M	2 M/ 年	6 M
柔性线	25 M	4Q	1Q	1Q	无	无	2 M/ 年	10 M

从表 6-4 中可以得出：

(1) 产能较高的是全自动生产线和柔性生产线，为 4 个 / 年 (产能 = 4 ÷ 生产周期，如全自动生产线产能为 4 ÷ 1 = 4)。全自动生产线转产时的灵活性没有柔性生产线好，但柔性生产线的购买价格较高。

(2) 半自动生产线的优点是价格低，产能不如全自动生产线，灵活性不如柔性生产线。在实战中也有公司多上半自动生产线而取得好成绩的实例。

(3) 手工生产线效率太低 (产能为 1.3 个 / 年)，上新生产线时很少考虑，但原有三个手工生产线却可加以利用。手工生产线灵活性好，原来三个手工生产线可以看作一个柔性生产线，在不卖掉的情况下可以随时转产，十分便捷，同时节省投资成本。现将三条手工生产线同一条柔性生产线进行比较分析，如表 6-5 所示。

表 6-5　三条手工生产线同一条柔性生产线对比

项　　目	原有三条手工生产线	一条柔性生产线
建设资金 (M)	无	25
安装周期 (季度 Q)	无	4
转产周期 (季度 Q)	无	无
转产费用 (M)	无	无
占用机位数 (个)	3	1
每年维护费 (M)	3	2
折旧费多 / 少	少	多
第二年能否生产出 P2 或 P3	不能	能

在 ERP 沙盘模拟中，经常出现用新投资的柔性生产线生产 P1 产品的情况，这样的策略合理吗？究竟应该建设什么样的生产线呢？依照规则，可以从设备的投资回收期考虑。表 6-6 是用各种设备生产不同产品的投资回收期计算表，投资回收期的计算公式为

$$回收期 (年) = \frac{投入 (M)}{毛利 (M) - 维修费 (M) - 利息 (M)} + 安装周期 (年)$$

从表 6-6 中的数据分析可以看出，投资所有类型的生产线生产 P1 产品，以及投资手工线生产 P4 产品，投资回收期都较长，是不可取的。另外，用柔性线生产所有产品的投资回收期也比全自动和半自动生产线要长一些。因此，在 ERP 沙盘模拟中，应根据产品选择投资合理的生产线。

表 6-6　生产线投资回收期计算

生产线	产品	投入/M	安装周期/年	产能/(个·年)	平均单价/M	单位成本/M	毛利/M	维修费/M	利息/M	回收期/年	利息/M	回收期/年
									短贷 (5%)		长贷 (10%)	
手工线	B	5	0.25	1	4.76	2	2.76	1	0.25	3.56	0.5	4.22
半自动	B	10	0.50	2	4.76	2	5.52	1	0.50	2.99	1.0	3.44
全自动	B	15	0.75	4	4.76	2	11.04	2	0.75	2.56	1.5	2.74
柔性线	B	25	1.00	4	4.76	2	11.04	2	1.25	4.21	2.5	4.82
手工线	C	5	0.25	1	10.20	5	5.20	1	0.25	1.52	0.5	1.60
半自动	C	10	0.50	2	10.20	4	12.40	1	0.50	1.42	1.0	1.46
全自动	C	15	0.75	4	10.20	4	24.80	2	0.75	1.43	1.5	1.45
柔性线	C	25	1.00	4	10.20	4	24.80	2	1.25	2.16	2.5	2.23
手工线	R	5	0.25	1	9.12	6	3.12	1	0.25	2.92	0.5	3.34
半自动	R	10	0.50	2	9.12	5	8.24	1	0.50	1.98	1.0	2.10
全自动	R	15	0.75	4	9.12	4	20.48	2	0.75	1.60	1.5	1.63
柔性线	R	25	1.00	4	9.12	4	20.48	2	1.25	2.45	2.5	2.56
手工线	S	5	0.25	1	10.98	8	2.98	1	0.25	3.14	0.5	3.36
半自动	S	10	0.50	2	10.98	6	9.96	1	0.50	1.68	1.0	1.76
全自动	S	15	0.75	4	10.98	6	19.92	2	0.75	1.62	1.5	1.66
柔性线	S	25	1.00	4	10.98	5	23.92	2	1.25	2.21	2.5	2.29

二、产能总量分析

根据市场预测数据，对每种产品的逐年需求量作出了统计，如表 6-7 所示。

表 6-7　每年产能需求量统计

年度	P1	P2	P3	P4	合计 / 个	6 组平均取整 / 个
第 1 年	21				21	4
第 2 年	25	16	5		46	8
第 3 年	35	34	15		84	14
第 4 年	49	48	24	10	131	22
第 5 年	53	48	33	15	149	25
第 6 年	41	44	31	23	139	23

从表 6-7 数据可以看出，从第 1 年至第 6 年，每组平均可分到的产品数量分别为 4 个、8 个、14 个、22 个、25 个和 23 个。因此，可以参考该数据，并结合本企业的实际情况来安排产能。

三、产能的计算及采购计划

（一） 产能计算图示法

产能计算图示法，即用图例的方式标注生产线当前处在的工序点，再根据生产线的生产周期，计算出产出产品的时点，并用图例予以标注。该方法简单明了。图 6-7 列出了四种生产线的产能情况。其中，状态 1 半自动生产线上没有在制品，在 1Q 投产，可以在 3Q 产出 1 个产品；状态 2 可在 2Q 和 4Q 各产出 1 个产品；状态 3 可在 1Q 和 3Q 各产出 1 个产品；状态 4 全自动生产线（柔性线）可在 2Q、3Q、4Q 各产出 1 个产品；状态 5 可在 1Q、2Q、3Q、4Q 各产出 1 个产品；状态 6 手工生产线可在 4Q 产出 1 个产品；状态 7 可在 3Q 产出 1 个产品；状态 8 可在 2Q 产出 1 个产品；状态 9 可在 1Q、4Q 各产出 1 个产品。

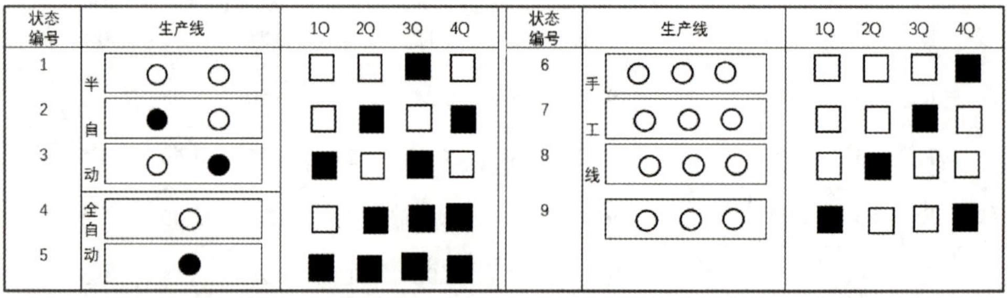

图 6-7　生产线产能

（二） 表格计算编制法

编制采购及生产计划可采用表格计算编制法，如图 6-8 所示。通过画表格的方法可以准确地计算出每年每个季度每条生产线的产量及原材料的需求数量，并按照季度汇总产品数量和原材料需求量，根据不同原材料采购提前期，计算出每个季度原材料的下单数量。

生产线		第1年					第2年				第3年			
		4Q	1Q	2Q	3Q	4Q	1Q	2Q	3Q	4Q	1Q	2Q	3Q	4Q
1.手工线	产品				→B		↓B				B			→B
	物料			M1			M1				M1			M1
2.手工线	产品					→B			→B			→B		
	物料				M1			M1			M1			
3.手工线	产品		→B			B			→B		→B			
	物料	M1			M1			M1		M1				
4.半自动	产品			→B		Bc			C	C		→C		
	物料		M1		M1			B, M2		B, M2		B, M2		
合计	产品		1B	1B	1B	3B	1B	2B, 1C		1B, 1C	2B	1C		1B
	物料		1M1	1M1	1M1	3M1	1M1	2M1, 1M2, 1B	1M1	1M1, 1M2, 1B	2M1	1M2, 1B		1M1
下采购订单	物料	1M1	1M1	M1	3M1		1M1	2M1, 1M2		1M1 1M2	2M1	1M2	1M1	

图 6-8　采购及生产计划编制

以图 6-8 为例，表格计算编制法的步骤如下：

(1) 将所有生产线按盘面上的顺序列在表格中，并编号，如"1. 手工线""2. 手工线""3. 手工线""4. 半自动"。

(2) 根据当前在制品所在工序点和不同生产线的生产周期，分别将完工的产品在表格中标示出来，详细计算方法参见产能计算图示法。例如，1 号手工线会在第 1 年的 3Q、第 2 年的 2Q、第 3 年的 1Q 和 4Q 各产出 1 个 P1 产品。如果有转产的情况，应该考虑转产的周期。例如，4 号半自动生产线在第 1 年 4Q 时转产，由原来生产 P1 转为生产 P2，转产期为 1Q，因此，4 号半自动生产线会在第 1 年的 2Q 和 4Q 各产出 1 个 P1 产品，在第 2 年的 3Q、第 3 年的 1Q 和 3Q 各产出 1 个 P2。

(3) 按照完工当期就投入生产的原则，根据产品物料需求计划 (BOM) 结构，把需要的物料标示在表格中。例如，2 号手工线在第 1 年 4Q 产出 1 个 P1，当期立即投产 P1，P1 需要的物料是 1 个 M1。

(4) 按照季度统计产出产品数量和物料需求数量。例如，在第 1 年 4Q 产出 3 个 P1，投产时需要 3 个 M1。

(5) 根据不同物料不同的采购提前期，计算出下采购订单的数量和时间。物料 M1、M2 采购提前期为 1Q，物料 M3、M4 为 2Q，若在第 2 年 3Q 需要 2 个 M1 和 1 个 M2，就需要在同年 2Q 下同样数量的订单。当然，在下订单时还需要扣减当期已有的库存。

任务四　企业盈利能力及财务分析

现金流是企业的血液，资金的来源主要靠产品销售收入，若企业盈利能力强，则企业的资金就会不断增多，企业就能实现目标。大部分企业经营失败并不是由于亏损，而是由于资金周转不畅，导致不能及时偿还债务，无法购买原材料等生产物资，无法参与广告竞争。所以，有必要对企业的盈利能力及财务状况进行分析，以提醒财务总监及时做好现金预算，控制企业财务风险。

一、盈利能力分析

盈利能力就是企业赚取利润的能力。不论是股东、债权人还是企业的经营管理人员，都非常重视和关心企业的盈利能力。反映企业盈利的指标很多，通常使用的主要有销售利润率、资产利润率、净资产收益率等。

（一）销售利润率

销售利润率是指净利润与销售收入的百分比。其计算公式为

$$销售利润率 = \frac{净利润}{销售收入} \times 100\%$$

销售利润率反映了每 100 元销售额所带来的净利润。例如，ERP 沙盘模拟实践训练的初始年度的销售收入为 36 M，实现的净利润为 6 M，计算出的销售利润率为 16.67%。

（二） 资产利润率

资产利润率是企业净利润与平均资产总额的百分比。资产利润率的计算公式为

$$资产利润率 = \frac{净利润}{平均资产总额} \times 100\%$$

该指标反映的是企业资产利用的综合效果。该指标越高，表明资产的利用效率越高，说明企业在增加收入和节约资金方面取得了良好的效果。资产利润率是一个综合指标，反映了债权人和股东投入两方面资产的收益情况。例如，ERP 沙盘模拟实践训练的初始年度的净利润为 6 M，资产的期初数为 104 M，期末数为 129 M，计算出的资产利润率为 5.15%。

（三） 净资产收益率

净资产收益率是净利润与平均净资产的百分比，也叫净资产报酬率或权益报酬率。其计算公式为

$$净资产收益率 = \frac{净利润}{平均净资产} \times 100\%$$

该指标反映的是公司所有者权益的投资报酬率。例如，ERP 沙盘模拟实践训练的初始年度的净利润为 6 M，所有者权益的期初数为 61 M，期末数为 67 M，计算出的净资产收益率为 9.38%。

二、偿债能力分析

企业的偿债能力反映的是企业对长期借款、短期借款等债务在某一个时点所具有的还本付息的能力。ERP 沙盘模拟实践训练中涉及的债务有长期贷款、短期贷款、高利贷三种。合理地利用好三种借款方式，最重要的就是要选择合适的时间、合适的方式，而在这之前必须要进行偿债能力的分析。为了充分和财务理论相结合，该部分将从短期偿债能力和长期偿债能力两个方面来进行分析。

（一） 短期偿债能力分析

对于 ERP 沙盘模拟实践训练，要关注短期贷款和高利贷两种短期负债的偿付能力的分析。短期贷款的借贷时间是每个季度的初期，期限为 1 年，到期还本付息；高利贷的贷款时间是任何时间，期限为 1 年，到期还本付息。一般情况下，高利贷的利率高于长期贷款，长期贷款高于短期贷款。

短期偿债能力在财务上是用流动比率、速动比率和现金比率来反映的。

1. 流动比率

流动比率是流动资产除以流动负债的比值。其计算公式为

$$流动比率 = \frac{流动资产}{流动负债}$$

从 ERP 沙盘模拟实践训练来看，其涉及的流动资产有现金、应收账款、存货三项，而流动负债则包括短期贷款、高利贷、应交税费三项。流动比率指标关注的是流动负债到期的时候是否有足够的现金流来偿付其本金和利息。一般认为，生产企业合理的最低流动

比率为 2。这是因为流动资产中变现能力最差的存货金额约占流动资产总额的一半，剩下的流动性较大的流动资产至少要等于流动负债。

在 ERP 沙盘模拟实践训练的每一个年度末，要求提交相应的资产负债表，从资产负债表可以计算出流动比率指标。在对该指标进行分析的时候，不要仅仅关注其计算结果，更重要的是要关注组成该指标的流动资产和流动负债，它们各自的组成及其所组成部分的具体账期，特别是要对流动资产中的存货进行具体分析；存货往往是由在制品、产成品和原材料共同组成的，原材料转化为现金还要经历在制品、产成品、应收账款环节。如果选择生成周期最短的全自动生成线（或者柔性生产线），并且所获订单要求的账期为零，原材料转化为现金也需要 2 个账期。而实际经营的时候，零账期的订单很少，这样看来，存货中的原材料不能够增加对短期负债的偿付能力，同样，在制品的偿付能力也很低。综合分析，产成品相对来说是模拟训练中具有一定偿付能力的存货（这还要取决于是否有订单，以及订单所要求的账期）。

2. 速动比率

速动比率是从流动资产中扣除存货部分的流动比率。其计算公式为

$$速动比率 = \frac{流动资产 - 存货}{流动负债}$$

速动比率将存货从流动资产中剔除，从 ERP 模拟训练所提供的经营环境来看，最为主要的原因就是存货的变现速度是流动资产中最慢的，有些种类的存货转化现金往往已经超过 4 个账期（一个年度），这些存货的存在就夸大了流动比率所反映的短期偿付能力。把存货从流动资产总额中减去而计算出的速动比率反映的短期偿债能力更能让人信服。

通常认为正常的速动比率为 1，低于 1 的速动比率往往被认为是短期偿债能力偏低。当然，具体合适的比率应该视不同的行业而加以调整，如采用大量现金交易的商店，几乎没有应收账款，速动比率大大低于 1 也是很正常的。影响速动比率可信性的重要因素是应收账款的变现能力，即应收账款账期的长短和产生坏账的可能性。就 ERP 沙盘模拟实践训练来看，应收账款对速动比率指标的影响主要是账期的长短。当应收账款账期大于流动负债要求的偿还期的时候，就会加剧风险。

3. 现金比率

现金比率是企业现金类资产与流动负债的比率。现金类资产包括企业所拥有的货币性资金和持有的有价证券（资产负债表中的短期投资），它是速动资产扣除应收账款后的余额。其计算公式为

$$现金比率 = \frac{流动资产 - 存货 - 应收账款}{流动负债}$$

现金比率能反映企业直接偿还流动负债的能力。如果在 ERP 沙盘模拟实践训练中使用该指标，可以保证流动负债的绝对偿付，但使用该指标会要求企业保持较大的现金存量，从而错过或者延迟构建企业生产线、进行产品研发和开拓市场的时间，并最终让企业失去发展机遇。

（二）长期偿债能力分析

长期偿债能力分析关注的是企业对长期债务的偿付能力，具体到 ERP 沙盘模拟实践训练，

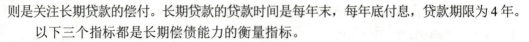

则是关注长期贷款的偿付。长期贷款的贷款时间是每年末，每年底付息，贷款期限为 4 年。

以下三个指标都是长期偿债能力的衡量指标。

1. 资产负债率

资产负债率是负债总额除以资产总额的百分比，也就是负债总额与资产总额的比例关系。资产负债率反映在总资产中有多大比例是通过借债来筹集的，也可以衡量企业在清算时保护债权人利益的程度。其计算公式为

$$资产负债率 = \frac{负债总额}{资产总额} \times 100\%$$

资产负债率反映债权人提供的资本占全部资本的比例。债权人关心的是贷款的安全，即到期能否按时收回本金和利息。而对于股东来说，通过借款可以在较短的时间内扩大规模，只要其投资报酬率高于借款利息率，就可以获得超额回报，而如果实际的资本报酬率低于借款利息，则会侵蚀股东自己的利润。所以股东在进行借款的时候，一定要保持一个合理的资产负债率。

ERP 沙盘模拟实践训练中，初始年度末，企业的总资产是 129 M，总负债是 62 M，企业的资产负债率是 48.06%，现金持有量是 46 M。在这样的局面下继续进行经营，经营者不同的经营理念就会有相应的筹资策略。如果经营团队是偏风险的，其必然会加大筹资力度，在发放股票受到限制的情况下，贷款是其唯一的选择。通过短期贷款或者长期贷款，扩大现金储备，而充足的现金让经营者在生产线的扩建、产品和市场的开拓以及广告策略的制定上都有更多的选择，但高的负债率，要求必须制定好的广告策略，获得足够的广告订单，从而可以有现金流来还本付息，这样的经营方式可以让模拟企业获得高速发展，也可能使模拟企业资金链断裂而提前倒闭。如果经营团队是风险中性的，其可以保持现有的经营模式，不是通过借款，而是在现有的生产线、产品和市场状况下，稳步经营，获得了足够的现金流后，再努力取得进一步的发展，这样的经营理念是完全通过自身的发展来逐步壮大自己，也就是"先活着，再好好地活着"。这样的经营方式让企业可以保持一个较低的资产负债率，其经营过程的初期风险较小，但可能失去先发优势，而被先发企业淘汰出局。

2. 产权比率

产权比率是负债总额与股东权益总额之比，也叫债务股权比率。其计算公式为

$$产权比率 = \frac{负债总额}{股东权益} \times 100\%$$

该项指标是反映由债权人提供的资本和股东提供的资本的相对关系，反映企业的资本结构是否稳定。产权比率高，是高风险、高报酬的财务结构；产权比率低，是低风险、低报酬的结构。例如，ERP 沙盘模拟实践训练初始年度，总负债为 43 M，所有者权益为 61M，则计算出的产权比率为 70.49%，具有较好的资本结构。

3. 已获利息倍数

已获利息倍数指标是指企业息税前利润与利息费用的比率（息税前利润是指损益表中未扣除利息费用和所得税之前的利润。它可以用税后利润加所得税再加利息费用计算得

出），用以衡量企业偿付借款利息的能力，也叫利息保障倍数。其计算公式为

$$已获利息倍数 = \frac{息税前利润}{利息费用}$$

已获利息倍数指标反映企业息税前利润为所支付的债务利息的倍数。只要已获利息倍数足够大，企业就有充足的能力偿付利息。如何合理确定企业的已获利息倍数，在实际经营过程中，是将企业的这项指标与其他企业，特别是本行业的平均水平进行比较，来分析决定本企业的指标水平。对于 ERP 沙盘模拟实践训练中所涉及的企业，它们初始年度的企业财务状况都是一样的，初始年度初期的息税前利润为 11 M，利息费用为 2 M，可以计算出已获利息倍数为 5.5，该指标从目前来看，应该是合理的。但随着企业业务的展开，贷款费用的增加会相应地增加每一年度的利息费用，生产线的扩展、市场的开拓、产品的研究、ISO 资格认证等费用在初期也必将显著增加，从而使已获利息倍数这一指标变小，甚至让利润为负，这表明企业财务状况非常紧张，利息支付压力将会很大。

三、营运能力分析

营运能力反映的是企业在资产管理方面效率的高低，这方面的财务指标有应收账款周转率、存货周转率、资产周转率等。

（一）应收账款周转率

应收账款周转率是反映应收账款周转速度的指标，也就是年度内应收账款转为现金的平均次数，它说明了应收账款流动的速度。其计算公式为

$$应收账款周转率 = \frac{销售收入}{(期初应收账款 + 期末应收账款) \div 2}$$

一般来说，应收账款周转率越高，平均收现期越短，说明应收账款收回得越快。企业设置的标准值为 3。例如，ERP 沙盘模拟实践训练的初始年度的销售收入为 36 M，应收账款的期初数为 14 M，期末数为 0，计算出的应收账款周转率为 514.29%，即应收账款的平均周转天数为 70.97 天 (365÷514.29%=70.04)。该指标和企业在每个年度初期所获得的订单的账期密切相关。

（二）存货周转率

存货周转率是衡量和评价企业购入存货、投入生产、销售收回等各环节管理状况的综合性指标。它是销售成本被平均存货所除而得到的比率。其计算公式为

$$存货周转率 = \frac{产品销售成本}{(期初存货 + 期末存货) \div 2}$$

一般来讲，存货周转率速度越快，存货的占有水平越低，流动性越强，存货转化为现金、应收账款的速度越快。企业设置的标准值为 3。例如，ERP 沙盘模拟实践训练的初始年度的销售成本为 12 M，存货的期初数为 14 M，期末数为 15 M，计算出的存货周转率为82.76%，即存货的平均周转天数为 441.03 天。存货周转率的期初数据反映出存货的周转速度是很慢的，这可能和企业初始经营时的生产线大多为手工生产线有极大关系（用手工

生产线进行生产，从原材料到产成品，至少需要一个年度的时间）。另外，初期的订单量较少也是原因之一（足够的订单才能够让产成品转化为应收账款或者现金）。

（三）　资产周转率

资产周转率是销售收入与平均资产总额的比值。其计算公式为

$$资产周转率 = \frac{销售收入}{(期初资产总额 + 期末资产总额) \div 2}$$

该项指标反映资产总额的周转速度。周转得越快，销售能力越强。企业设置的标准值为 0.8。例如，ERP 沙盘模拟实践训练的初始年度的销售收入为 36 M，资产的期初数为 104 M，期末数为 129 M，计算出的资产周转率为 30.9%。资产周转率的期初数据反映出企业总资产的周转速度是很慢的，当然，周转慢的原因是在企业经营初始年，市场开拓、产品研发以及生产能力等都处于投入期，企业的销售量很低，从而决定资产周转率较低，这是符合企业的生命周期的。但如果企业在经营的以后年度中该指标没有得到改善的话，企业的经营状况必然会恶化。

四、杜邦财务分析

（一）　杜邦分析法概念

杜邦分析法 (DuPont Analysis) 利用几种主要的财务比率之间的关系来综合地分析企业的财务状况。具体来说，它是一种用来评价公司盈利能力和股东权益回报水平，从财务角度评价企业绩效的一种经典方法，如图 6-9 所示。其基本思想是将企业净资产收益率逐级分解为多项财务比率乘积，这样有助于深入分析比较企业经营业绩。由于这种分析方法最早由美国杜邦公司使用，故名杜邦分析法。

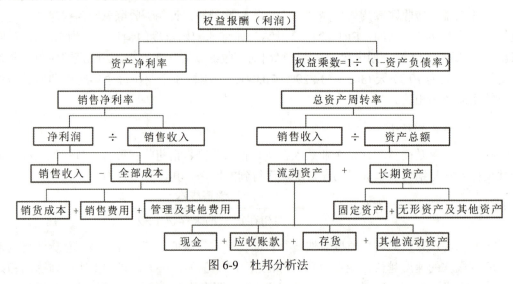

图 6-9　杜邦分析法

（二）　杜邦分析法的特点

(1) 杜邦分析法最显著的特点是将若干个用以评价企业经营效率和财务状况的比率按其内在联系有机地结合起来，形成一个完整的指标体系，并最终通过权益收益率来综合反映。

(2) 杜邦分析法可使财务比率分析的层次更清晰、条理更突出，为报表分析者全面仔细地了解企业的经营和盈利状况提供方便。

(3) 杜邦分析法有助于企业管理层更加清晰地看到权益资本收益率的决定因素，以及销售净利润率与总资产周转率、债务比率之间的相互关联关系，给管理层提供了一张明晰的考察公司资产管理效率和是否最大化股东投资回报的路线图。

（三） 杜邦分析法的基本思路

(1) 权益净利率是一个综合性最强的财务分析指标，是杜邦分析系统的核心。

(2) 资产净利率是影响权益净利率最重要的指标，具有很强的综合性，而资产净利率又取决于销售净利率和总资产周转率的高低。总资产周转率反映总资产的周转速度。对资产周转率的分析，需要对影响资产周转的各因素进行分析，以判明影响公司资产周转的主要问题在哪里。销售净利率反映销售收入的收益水平。扩大销售收入、降低成本费用是提高企业销售净利率的根本途径，而扩大销售同时也是提高资产周转率的必要条件和途径。

(3) 权益乘数表示企业的负债程度，反映了公司利用财务杠杆进行经营活动的程度。资产负债率高，权益乘数就大，这说明公司负债程度高，公司会有较多的杠杆利益，但风险也高；反之，资产负债率低，权益乘数就小，这说明公司负债程度低，公司会有较少的杠杆利益，但相应所承担的风险也低。

（四） 杜邦分析法的财务指标关系

杜邦分析法中几种主要的财务指标关系为

净资产收益率 = 总资产净利率 × 权益乘数

$$总资产净利率 = \frac{净利润}{总资产平均余额}$$

$$= \frac{净利润}{营业收入} \times \frac{营业收入}{总资产平均余额} = 营业净利率 \times 总资产周转率$$

$$权益乘数 = \frac{总资产平均余额}{平均净资产}$$

在杜邦体系中，包括以下四种主要的指标关系：

(1) 净资产收益率是整个分析系统的起点和核心。该指标的高低反映了投资者的净资产获利能力的大小。净资产收益率是由销售净利率、总资产周转率和权益乘数决定的。

(2) 权益乘数表明了企业的负债程度。该指标越大，企业的负债程度越高，它是资产权益率的倒数。

(3) 资产净利率是销售利润率和总资产周转率的乘积，是企业销售成果和资产运营的综合反映，要提高总资产收益率，必须增加销售收入，降低资金占用额。

(4) 总资产周转率反映企业资产实现销售收入的综合能力。分析时，必须综合销售收入分析企业资产结构是否合理，即流动资产和长期资产的结构比率关系。同时还要分析流动资产周转率、存货周转率、应收账款周转率等有关资产使用效率指标，找出总资产周转

率高低变化的确切原因。

（五）杜邦分析法的步骤

(1) 从权益报酬率开始，根据会计资料（主要是资产负债表和利润表）逐步分解计算各指标；

(2) 将计算出的指标填入杜邦分析图；

(3) 逐步进行前后期对比分析，也可以进一步进行企业间的横向对比分析。

在 ERP 沙盘模拟实践训练的起始年末，根据初始年资产负债表和利润表，采用杜邦分析法，计算出相关指标，并标注在杜邦分析图上，如图 6-10 所示。

$$销售利润率 = \frac{净利润}{销售收入} \times 100\% = \frac{6}{36} \times 100\% = 16.67\%$$

$$资产周转率 = \frac{销售收入}{资产总额} \times 100\% = \frac{36}{129} \times 100\% = 27.91\%$$

$$资产净利率 = 销售利润率 \times 资产周转率 \times 100\% = 16.67\% \times 27.91\% \times 100\% = 4.65\%$$

$$权益乘数 = \frac{1}{1 - 资产负债率} = \frac{1}{1 - 62 \div 129} \times 100\% = 192.53\%$$

$$净资产收益率 = 销售净利率 \times 资产周转率 \times 权益乘数 \times 100\%$$
$$= 16.67\% \times 27.91\% \times 192.53\% \times 100\%$$
$$= 8.96\%$$

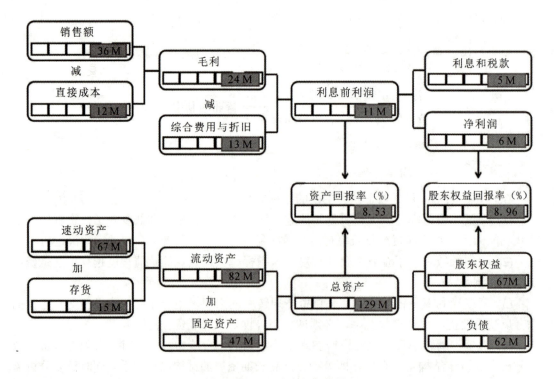

图 6-10　ERP 沙盘杜邦分析

任务五　企业筹资及投资分析

一、企业筹资分析

（一）筹资渠道

1. 长期贷款

当公司需要资金时，可以向银行申请长期贷款，一般情况下，长期贷款多用于回收周期较长的固定资产投资项目。长期贷款的额度取决于本公司上年末所有者权益的多少。如果公司新申请的长期贷款金额加现有贷款（长期贷款＋短期贷款）余额小于或等于本公司上年末所有者权益余额的两倍，则银行将批准该项申请。每个公司每年只在年末有一次申请长期贷款的机会。

2. 短期贷款

当公司需要资金时，也可以向银行申请短期贷款，短期贷款多用于公司资金短期周转。短期贷款的额度也取决于本公司上年末所有者权益的多少。如果公司新申请的短期贷款金额加现有贷款（长期贷款＋短期贷款）余额小于或等于本公司上年末所有者权益余额的两倍，则银行将批准该项申请。每个公司每年只在每个季度初有一次申请短期贷款的机会。

3. 贴现

所谓贴现，在这里是指将尚未到期的应收账款提前兑换为现金，但须按比例（参考项目四内容）支付给银行一定的贴现息，多用于公司资金应急。

4. 高利贷

当公司资金紧张时，还可以向银行申请高利贷，高利贷贷款时间和额度没有限制，但利率比较高，公司应谨慎选用。

5. 融资租赁

公司拥有的厂房可以出售。出售后的厂房仍可以使用，但需要支付租金。从财务角度看，这相当于获得一笔贷款，租金相当于利息。在起始年，企业拥有的自主厂房为大厂房。大厂房的价值为 40 M，资金短缺时可以考虑出售。出售所得为 2 个账期的应收账款 40 M。

（二）筹资策略

筹资是为了投资和维持企业运行服务的，所以其管理要点在于对现金流量和现金存量的控制。而要进行现金流量和现金存量的控制，就应该熟悉本企业现金流入现金流出和现金存量的运动特点。图 6-11 显示了公司各项开支的基本特点。

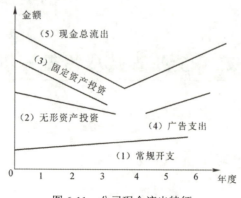

图 6-11　公司现金流出特征

1. 常规开支

常规开支包括管理费用、生产线维护费用、利息等。这些开支的主要特点是与短期决策无关，即从短期看，是必须要用现金支付的费用。由于生产线总体上呈增加态势，所以本类开支总体上是逐步增加的。

2. 无形资产投资

无形资产投资包括产品研发、市场开拓、ISO 资格认证投资等。这些开支取决于无形资产投资决策，本身无法收回，只能通过销售产品补偿。该开支表现为初期开支额可能较大，越往后越小，后期基本不支出。

3. 固定资产投资

固定资产投资包括生产线投资和厂房投资，通常表现为"两头高扬中间低陷"的形态。这是由固定资产投资的特点决定的，即初期扩大生产能力，也有财务力量支持；中期财务吃紧，暂停投资；后期现金充裕，继续加大投资规模。

4. 广告支出

广告支出直接取决于年度营销策略，受制于财务能力和经济效益。

5. 现金总流出

现金总流出这条线是下面各条线累加上去的，所以这条线显示了现金总流出的特征。就一般情况而言，正常发展的公司的经营现金净流入应该是逐年递增的，如图 6-12 所示。图 6-13 显示的是公司力图达到的现金存量运动曲线。

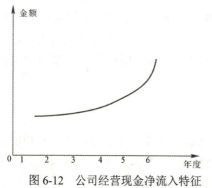

图 6-12　公司经营现金净流入特征

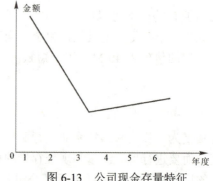

图 6-13　公司现金存量特征

公司开始的现金余额主要取决于起始状态。初期的大幅度下降是各种投资的结果，中后期在保持低水平存量的基础上略有上升。总之应在动态中保证现金不断流但也不要积压。

（三）**筹资评价**

比较理想的筹资表现包括：

(1) 最大限度地满足企业发展的需要。资金是企业的血液，处于发展中的企业更需要大量的资金。能否有充裕的资金，从根本上决定了企业的发展空间和发展速度。

(2) 资金成本最低。资金成本是指企业为筹集和使用资金而付出的代价，包括资金筹集费用和资金占用费用两部分。资金筹集费用指资金筹集过程中支付的各种费用。资金占用费用是指占用他人资金应支付的费用，如股东的股息、红利、债券及对银行借款支付的利息。资金成本的计算公式为

$$资金成本 = \frac{每年的用资费用}{筹资总额 - 筹资费用}$$

资金成本在投资决策中的作用表现如下：① 在利用净现值指标进行投资决策时，常以资金成本作为折现率；② 在利用内部收益率指标进行决策时，一般以资金成本作为基准收益率。

追求最低的筹资成本，是财务管理的基本概念。但怎样将之贯彻于所管理的企业，效果如何，这就要看管理者的管理水平了。在前面提及的多种筹资方式中，如何做到筹资成本最低，在技术层面考虑清楚是起码的要求。

首先，必须非常清楚每种筹资方式的实际利率水平，可以利用财务管理的"名义利率"和"实际利率"指标来分析。这里需要注意利息支付的时点、现金取得和归还的时点、名义利率中利息是从本金中扣除还是另行支付等问题。

在贴现时所用的利率称作贴现率，用公式表示为

$$1 - \frac{1}{(1+i)^n}$$

式中，i 为实际利率，n 为期数（可为年数、季度数或月数，也可以为天数）。$\frac{1}{1+i}$ 为复利现值系数或复利贴现系数，表示实际收到的现金占总金额的比率。

除此之外，还需要关心款项的有效使用期。例如，出售厂房，实际开始使用时间应从出售往回推 2 个账期；如果贴现，还需要考虑贴现利息等。

其次，每种筹资方式的机会也很重要。机会在这里指规定的时点、当前的额度、利息的支付方式等。

在 ERP 沙盘模拟实训中，提供的筹资渠道及相应的筹资成本如表 6-8 所示。

表 6-8　筹资渠道及相应的筹资成本

筹资渠道	金额 /M	周期 /Q	利率 / 贴现率 /（%）	每季度成本 /（M·季度）
长期贷款	40	4	10	1
短期贷款	40	4	5	0.5
高利贷	40	4	20	2
出售厂房贴现	40	2	10	1

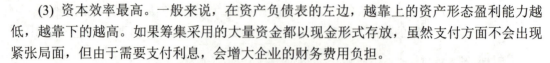

(3) 资本效率最高。一般来说，在资产负债表的左边，越靠上的资产形态盈利能力越低，越靠下的越高。如果筹集采用的大量资金都以现金形式存放，虽然支付方面不会出现紧张局面，但由于需要支付利息，会增大企业的财务费用负担。

无形资产和固定资产的变现能力很差，通常只能通过有效经营收回投资并获取利润。如果仅仅为了压缩现金库存而盲目投资，势必会造成更大的损失。

(4) 优化资本结构，降低筹资风险。在筹资过程中合理选择和优化筹资结构，做到长、短期资本，债务资本和自有资本的有机结合，有效地规避和降低筹资中各种不确定性因素给企业带来损失的可能性。

(5) 合理确定资金需要量，科学安排筹资时间。通过预算手段完成资金的需求量和需求时间的测定，使资金的筹措量与需要量达到平衡，防止因筹资不足而影响生产经营或因筹资过剩而增加财务费用。

总之，比较理想的筹资表现为不仅在总额上充分满足企业发展的需要，更在时间上与投资节奏能够协调。至少要通过以下两项衡量：① 投资收益大于筹资成本；② 保持最低的安全现金存量 (零库存)。

二、企业投资分析

（一） 固定资产投资

固定资产投资主要包括厂房投资和生产线投资。

1. 厂房投资

每个公司最多可以购买和使用三个厂房。其中购买大厂房需要 40 M 现金，购买中厂房需要 30 M 现金，购买小厂房需要 15 M 现金。大厂房最多可容纳 4 条生产线，中厂房可容纳 3 条生产线，小厂房最多可容纳 2 条生产线。

2. 生产线投资

生产线必须安装在厂房内。公司可选择的生产线有四种，即手工生产线、半自动生产线、全自动生产线和柔性生产线。

（二） 无形资产投资

无形资产投资包括市场开拓投资、产品研发投资和 ISO 资格认证投资等。

1. 市场开拓投资

在 ERP 沙盘模拟中，在起始年，每个公司都只在一个市场 (本地市场) 中营销。后期还有区域、国内、亚洲、国际四个新市场。但这四个新市场都需要为开拓进行投资，还需要相应的开拓时间。各新市场可同步开拓，按开拓周期平均支付开拓投资。在新市场开拓过程中，如遇资金不足等问题，可以暂停开拓，待原因消除后，还可以继续开拓。原投资仍然有效，但整个开拓期相应延长。市场开拓投资包括渠道建设、人员招聘、相应机构的组建等。

2. 产品研发投资

在 ERP 沙盘模拟中，起始年，每个公司都只生产一种产品 P1，后期有 P2、P3 和 P4 三种产品可以研发。P2、P3 和 P4 产品的技术含量依次增加，因此将这几种新产品引入本公司进行研发并投产的投资额依次递增，分别是 4M、12M 和 16M。

3. ISO 资格认证投资

ISO 认证分为 ISO 9000 认证和 1SO 14000 认证。随着市场的拓展和观念的更新，客户日益重视产品质量保证和环境保护，ISO 认证在市场营销中的地位日益重要。公司进行 ISO 认证，都需要进行投资，还需要相应的时间。其中 ISO 9000 认证需要用 1 年时间，共投入 1M 金额完成；ISO 14000 认证需要用 2 年时间，共投入 2M 金额完成。

（三）投资策略

1. 生产线特征分析

建立如图 6-14 所示的坐标系，四种生产线的特征可以由该坐标系的四个象限表示。传统的手工生产线生产效率很低，但由于是手工操作，所以灵活性很强。半自动生产线使用了部分机械，因此灵活性大大降低；生产效率虽有所提高，但与全自动生产线和柔性生产线相比，仍显得很低。全自动生产线生产效率达到最高，但由于全部使用机械，因此转产非常困难，需要投入最大的转产开支并需要花费最多的转产时间。柔性生产线采用了现代计算机控制技术，不仅保持了最高的生产效率，还拥有很高的灵活性，随时可以转产任何产品，转产的时间耗费和资金耗费都为零。

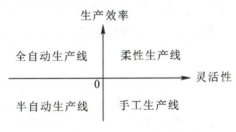

图 6-14　生产线特征

2. 生产线投资策略

根据上述生产线特点，生产线投资要点如下（见图 6-15）：

(1) 最大可能地提高产能。从一开始就注意发展产能，从战略上考虑应在结束前把全部可能的厂房空间占满。新增生产线主要考虑全自动生产线，生产效率最高，开支相对较低。

(2) 注意与市场需求的扩大协调。尤其是五个市场逐步开发完成后，市场将从供过于求转化为供不应求。

(3) 柔性生产线虽然花费较大，但有利于生产的产品结构保持一定的灵活性，便于营销总监的市场运作。

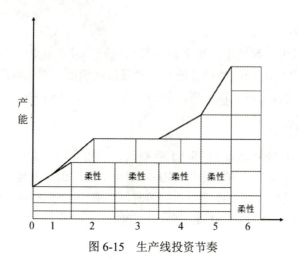

图 6-15 生产线投资节奏

(4) 注意新生产线开始投产的时候应事先考虑好准备生产的产品，即应注意与新产品研发的衔接。

(5) 在适当的时机淘汰旧的落后的生产线。发展生产力很重要，但时刻不要忘记现金，千万不能断流。

（四） 投资要点

1. 无形资产投资要点

早投资、早见效、早受益、多受益。有些无形资产 (如市场开拓、ISO 资格认证等) 一经开发完成就需要连续维持投入，因此应注意见效时点。无形资产投资全部计入当年损益，所以不仅要考虑现金流，还需要考虑所有者权益，以及由所有者权益限制的贷款额度等。市场领导者地位也是一项重要的很有价值的无形资产，但应正确地衡量投入产出效益。

2. 厂房投资要点

厂房既是融资手段，也是投资项目 (相当于"蓄水池")。相对于租赁，购买厂房可获得相当大的投资收益率。考虑到资金的时间价值，出售厂房应在当年较早的时点，而购买厂房应在年终。一般情况下，厂房应在现金比较宽裕的年度买进，这样企业不仅会获得投资收益，还会有利于业绩增长。

3. 并行投资

并行投资源于并行工程思想，并行工程是集成地、并行地设计产品及其相关过程 (包括制造过程和支持过程) 的系统方法。这种方法要求产品开发人员在一开始就考虑产品整个生命周期中从概念形成到产品报废的所有因素，包括质量、成本、进度计划和用户要求。并行工程的目标是提高质量、降低成本、缩短产品开发周期和产品上市时间。并行工程的具体做法是：在产品开发初期，组织多种职能协同工作的项目组，使有关人员从一开始就获得对新产品需求的要求和信息，积极研究涉及本部门的工作业务，并将所需要求提供给设计人员，使许多问题在开发早期就得到解决，从而保证设计的质量，避免大量的返工浪费。

在 ERP 沙盘模拟实训中，并行投资就是要考虑产品研发、生产线投资、市场开拓、ISO 资格认证、原材料采购的投入节奏 (见图 6-16)，使得各个项目有计划、协同进行，避免出现生产线建好了而产品未开发、停工待料、有产品无市场、有市场无产品等情况。

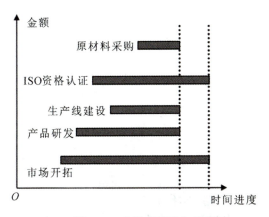

图 6-16　各种项目投入节奏

复 习 思 考 题

1. 借助核心竞争力分析、SWOT 分析、波特五力模型分析等工具分析企业自身、竞争对手、市场环境等情况，制定企业发展战略。

2. 应用营销管理分析工具，制订企业市场发展计划、订单争取策略。

3. 应用生产管理分析工具，制订企业生产线投资计划、原材料采购计划、生产投产计划。

4. 应用盈利能力和偿债能力的分析工具，分析企业的盈利能力及偿债能力情况。

5. 利用杜邦财务分析工具，综合分析企业财务情况。

6. 应用并行工程思想，制订各项投入进度计划表。

项目七　ERP 沙盘模拟实战分析

学习目标

(1) 了解企业实际生产经营的基本环节和注意事项。

(2) 掌握企业经营管理的内部资源与外部环境，制定长期、中期、短期策略，分析市场信息，预测市场趋势，调整既定战略。

(3) 掌握产品研发、市场开发、产品组合与市场定位等营销策略；掌握运用 MRP Ⅱ 编制 MPS、生产流程调度；匹配市场需求、物流配送、库存管理进行产销配合决策。

(4) 掌握财务管理基本知识，预估长、短期资金需求，制订投融资计划，控制成本，分析经营效益。

(5) 理解团队协作、沟通的价值和意义。

任务一　实战前准备

(1) 组建团队。

(2) 相关知识准备。

(3) 熟悉企业及市场背景。

(4) 熟悉运营规则。

任务二　制定企业战略及经营策略

一、战略目标

企业战略目标是对企业战略经营活动预期取得的主要成果的期望值。战略目标的设定，同时也是企业宗旨的展开和具体化，是企业宗旨中确认的企业经营目的、社会使命的进一步阐明和界定，也是企业在既定的战略经营领域展开战略经营活动所要达到的水平的具体规定。

模拟企业战略目标是:"争取低投资,高回报,稳做国内市场和国际市场的老大,获得经济效益。"

二、经营策略

(一) 产品和生产策略

产品和生产策略是完成 P2、P3 和 P4 三个产品的研发,经营的头两年是主打 P1、P2,这两个产品的原材料在采购方面比较简单。随着企业的发展,企业陆续开发出 P3、P4 产品,在第 4～6 年安排 P1、P2、P3 和 P4 混合生产,主打 P3 和 P4 产品,适应市场的需要,适时调整策略。

变卖生产周期长、效率低的手工生产线,逐步更换成自动生产线和柔性生产线;厂房需根据市场需要量、订单量和产能以及资金富裕度逐步购买上中和法新两个,或者先租后买,这样可以提高生产能力和发展能力。

(二) 市场营销策略

市场营销策略是根据经营时间,计划开发区域、国内、亚洲和国际四个市场,完成 ISO 9000、ISO 14000 的资格认证。根据市场客户需求发展预测,第 1～3 年主要经营稳定的本地市场、稳定发展的区域和国内市场,第 4～6 年,缩小本地市场占有率,主占区域、国内和亚洲市场,根据资金情况开发国际市场,提高企业发展能力。

(三) 财务融资策略

财务融资策略是弄清楚运营规则,掌握资金收入、支出的先后顺序,有益于 CFO 融资规划。发生在年初的支出有上年的应交税费——增值税和当年的广告投入两笔;发生在年末的有长贷利息、市场开发 /ISO 资格认证费、购置厂房、厂房租金和设备维护费等;中间各季度也有严格的收入、支出顺序,这些经营流程会对资金流产生很大影响,如果财务规划不准,就会带来资金断流的严重后果。

由于老企业留给我们的营运资金为 24 M,为了执行新策略,可利用权益资金来进行长贷和短贷融资,争取第一年通过广告投入获得较多订单,赢得市场老大地位,这样就会在第二年抢单中占据优势。

任务三 实战方案实施

一、主要经营措施

(一) 第 1 年

第一年初,团队目标是积极融资,在原生产线上继续生产的同时,稳妥地进行新产品研发,购置安装新生产线——全自动生产线和柔性生产线,完成旧厂房的扩能改造。完成增值税支付,投入广告费,争取到两次选单,拿到较多的订单量。

第 1 季度，研发新产品 P2，购买原材料；第 2 季度，变卖手工生产线，加工生产 P1 产品，投资全自动生产线，进行短贷；第 3 季度，投资新生产线，购置原材料，继续加工生产 P1 产品，开始新产品 P3 的研发；第 4 季度，陆续将产能较弱的手工生产线、半自动生产线更新成全自动生产线和柔性生产线，变卖空置的手工生产线，建设新的柔性生产线，扩大产能，储备 P1，生产 P2。

第 1 年年末，根据生产扩能、市场开发和新产品研发的进度安排需要，准确编制现金流量表，年末完成长贷 100 M，支付维修费，提取折旧，开拓区域市场和国内市场，进行 ISO 资格认证，购买上中厂房。

（二） 第 2 年

第 2 年年初，目标是完成中型厂房生产线建设，扩大产能，开发新产品 P4，开拓新市场。

第 1 季度，研发新产品 P4，建一条全自动生产线；第 2 季度，建设 P3 全自动生产线；第 3 季度，生产线投资，购置原材料，生产加工产品，提交货物；第四季度，生产线投资，购置原材料，生产加工产品。

第 2 年年末，根据第 1 年资金安排和运行，结合未来发展需要，决定年末再做一次长贷 30 M，支付维修费，提取折旧，开拓国内市场和亚洲市场，进行 ISO 资格认证。

（三） 第 3 年

第 3 年年初，分析上年低迷原因，是由于第 2 年的广告投入很少，导致订单量很少，产能过剩，本年初决定加大广告宣传投入力度，争取拿到更多的订单。

第 1 季度，变卖一条生产线，贴现应收账款，购买原材料，继续投入生产，继续研发新产品 P4；第 2 季度，广告投入的加大引起资金紧张，决定变卖上中厂房，转为租赁，贴现变卖厂房获得的 4Q 账期应收账款，投资生产，进行新产品研发投资；第 3 季度，变卖新华厂房，对变卖厂房获取的应收账款进行贴现，再租赁新华厂房，进行生产线投资，购置原材料，生产加工产品，追加新产品研发投资；第 4 季度，生产线投资，购置原材料，生产加工产品，新产品研发投入。

第 3 年年末，归还贷款利息，支付设备维修费，缴纳厂房租金，进行市场开拓投资。

（四） 第 4 年

第 4 年年初，经营有所起色，本年初决定继续加大广告宣传投入力度，争取拿到更多的订单，新建柔性生产线，对应收账款进行贴现，继续市场开发。

第 1 季度，利用规则中的商业信用，可以批量购买原材料，继续投入生产，进行新生产线投资；第 2 季度，收回应收账款，归还短贷及利息、继续投资生产，追加生产线投资；第 3 季度，清理应收账款，追加生产线投资，投入产品生产，继续建设新生产线；第四季度，继续在建工程建设，生产加工产品，清理应收账款并提交货物。

第 4 年年末，归还贷款利息，支付设备维修费，缴纳厂房租金，重新购回新华厂房，完成市场开拓投资。

（五）第5年

第5年年初，企业已经走上正轨，根据以往经验和市场发展变化趋势，本年初决定继续加大广告宣传投入力度，在多个市场争取拿到较多的订单，对应收账款进行贴现，将上中厂房购回。

第1季度，及时收回客户所欠应收账款，签订原材料订单，贴现一笔应收账款，继续投入生产；第2季度，利用商业信用批量购进原材料，归还短贷及利息，继续投资生产，提交货物；第3季度，清理应收账款，短贷20 M，批量购进原材料，投入产品生产按期向客户交货；第4季度，继续生产加工产品，清理应收账款，清点存货，及时提交货物。

第5年年末，归还贷款利息，长贷30 M，支付设备维修费，重新购回上中厂房，提高企业融资发展能力。

（六）第6年

第6年年初，模拟经营的最后一年，要给下一任领导团队留下丰厚的物质基础。根据市场动态变化，本年初决定继续投入足额的市场广告，结合上年的销售业绩，可以在多个市场得到较多的订单量，继续扩大市场占有率，为股东盈利。

第1季度，短贷20 M，继续投入生产，按时向客户交单；第2季度，利用商业信用批量购进原材料，继续投资生产，提交订单；第3季度，归还短贷及利息，清理应收账款，批量购进原材料，投入产品生产，按期向客户交货；第4季度，贴现一笔应收账款，继续生产加工产品，清理应收账款，清点存货，及时提交货物。

第6年年末，归还贷款本金和利息，支付设备维修费，提取折旧、完成模拟经营，关账。

二、模拟经营结果分析

（一）经营分析

模拟团队A组在整个模拟经营实训中对三个市场需要的P2、P3、P4产品进行了有序研发，对区域、国内、亚洲三个市场进行了稳步开拓，同时在头两年完成了ISO 9000、ISO 14000的资格认证工作，这些经营活动都是根据团队决策进行的，完成得比较好。从后期的发展形势看，这些决策起到了决定性作用，对日后A企业的发展有利。

A团队经营的头两年是主打P1、P2，这两个产品的原材料在采购方面比较简单，同时P1又是P2的构件。随着企业的发展，企业开发出了P3、P4产品，在后续几年里，是P1、P2、P3、P4四种产品混合生产，根据市场情况适时调整策略。

在广告投放上A经营团队一直持较为谨慎的态度，在第一年的投入中较多，想在竞单中取得优先选择权，并且成功地取得了第一个选择订单的机会，也顺利赢得了最多的订单，获得了市场老大的地位。第二年凭借第一年市场老大的地位，在广告上投入得非常少，以致只有一次选单机会，结果失去了市场优势，并明白销售收入是唯一的经济来源。后来随着产能的扩大，在明确生产能力与销售间的关系基础上，选取适合的订单。广告投入产出比不断地提高。从第四年开始，企业由于优于别的竞争对手先开辟了亚洲市场，所以一直牢牢地占据了亚洲市场老大的地位。

（二）　模拟企业财务分析

1. 经营财务数据

(1) 综合费用表见表 7-1。

表 7-1　A 组综合费用表　　　　　单位：百万元

项目	第 0 年	第 1 年	第 2 年	第 3 年	第 4 年	第 5 年	第 6 年
管理费	4	4	4	4	4	4	4
广告费	0	12	1	15	15	9	15
维修费	4	3	7	7	9	11	11
转产费	0	0	0	0	2	0	0
厂房租金	0	0	0	10	4	4	0
新市场开拓	0	3	4	2	1	0	0
ISO 资格认证	0	1	2	0	0	0	0
产品研发	0	6	14	8	0	0	0
其他 (损失)	0	0	0	0	0	0	0
合计	8	29	32	46	35	28	30

(2) 利润表见表 7-2。

表 7-2　A 组利润表　　　　　单位：百万元

项目	第 0 年	第 1 年	第 2 年	第 3 年	第 4 年	第 5 年	第 6 年
销售收入	36	34	23	83	126	150	261
直接成本	12	14	10	34	62	68	131
毛利	24	20	13	49	64	82	130
综合费用	8	29	32	46	35	28	30
折旧前利润	16	−9	−19	3	29	54	100
折旧	5	2	0	6	6	12	17
支付利息前利润	11	−11	−19	−3	23	42	83
财务费用	2	1	11	15	15	17	12
税前利润	9	−12	−30	−18	8	25	71
所得税	3	0	0	0	0	8	23
年度净利润	7	12	−30	−18	8	17	48

(3) 资产负债表见表 7-3。

表 7-3 A 组资产负债表   单位：百万元

项目	第 0 年	第 1 年	第 2 年	第 3 年	第 4 年	第 5 年	第 6 年
现金	40	91	11	2	2	18	10
应收账款	0	0	23	72	37	0	36
在制品	8	6	12	12	18	30	0
产成品	6	2	4	14	32	43	9
原材料	4	2	1	1	4	0	0
流动资产合计	58	101	51	101	93	91	55
厂房	40	70	70	0	40	40	70
机器设备	7	4	34	41	50	63	43
在建工程	0	15	15	30	25	0	0
固定资产合计	47	89	119	71	115	103	113
资产总计	105	190	170	172	208	194	168
长期负债	0	100	130	130	130	60	30
应付账款	0	0	0	0	48	59	0
短期负债	20	20	0	20	0	20	20
所得税	3	0	0	0	0	8	23
负债合计	23	120	130	150	178	147	73
股东资本	64	64	64	64	64	64	64
利润留存	11	18	6	−24	−42	−34	−17
年度净利	7	−12	−30	−18	8	17	48
所有者权益合计	82	70	40	22	30	47	95
负债和所有者权益合计	105	190	170	172	208	194	168

2. 企业财务指标分析

(1) 企业盈利能力分析。盈利能力是指企业获取利润的能力。盈利能力的大小是一个相对的概念，即利润是相对于一定资源投入、一定的收入而言的，即要用利润率来衡量。利润率越高，说明盈利能力越强；利润率越低，说明盈利能力越差。盈利是企业主要的经营目标，是企业生存的物质基础，它不仅关系到企业所有者的利益，也是企业偿还债务的一个重要来源。下面从毛利率、销售利润率和净资产收益率分析企业盈利能力。

① 毛利率。毛利率说明每元销售收入产生的利润。更进一步思考，毛利率是获利的初步指标，如表 7-4 所示。

表 7-4　A 组历年毛利率　　　　　　　　　　　　　　单位：百万元

项目	第 1 年	第 2 年	第 3 年	第 4 年	第 5 年	第 6 年
销售收入	34	23	83	126	150	261
直接成本	14	10	34	62	68	131
毛利	20	13	49	64	82	130
毛利率	0.59	0.57	0.59	0.51	0.55	0.50

② 销售利润率。销售利润率是毛利率的延伸，销售利润是毛利减去综合费用后的剩余。销售利润率代表了主营业务的实际利润，反映企业主业经营的好坏，如表 7-5 所示。

表 7-5　A 组历年销售利润　　　　　　　　　　　　　单位：百万元

项目	第 1 年	第 2 年	第 3 年	第 4 年	第 5 年	第 6 年
销售收入	34	23	83	126	150	261
折旧前利润	−9	−19	3	29	54	100
销售利润率	−0.26	−0.83	0.23	0.24	0.36	0.38

③ 净资产收益率。净资产收益率反映投资者投入资金的最终获利能力。这是投资者最关心的指标之一，也是企业的总经理向企业董事会年终交卷时关注的指标，涉及企业对负债资金的运用，判断资金的获利能力，如表 7-6 所示。

从表 7-4～表 7-6 和图 7-1 可以看出，A 企业销售毛利率从第 1～6 年一直在 0.55 上下徘徊，处于比较稳定的状态。销售利润从亏损情况下，经过企业正确调整营销策略，于第 3 年扭亏为盈，并一路攀升，到第 6 年达到了 0.38 的高度。通过对净资产收益率的分析，A 企业净资产获取利润的能力比较低，甚至是亏损。不过在第 4 年，A 企业净资产收益率开始逐渐回升到正常的收益率。

表 7-6　A 组历年净资产收益率　　　　　　　　　　　单位：百万元

项目	第 1 年	第 2 年	第 3 年	第 4 年	第 5 年	第 6 年
净利润	−12	−30	−18	8	17	48
所有者权益	70	40	22	30	47	95
净资产收益率	−0.17	−0.75	−0.82	0.27	0.36	0.87

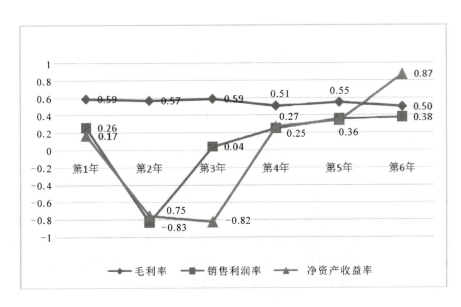

图 7-1　A 组历年净资产收益率变化趋势

　　针对净资产收益率低的问题，A 企业应加强净利润的获取能力，一方面增加企业的主营业务收入，另一方面提高管理水平，完善现金预算表的制作，减少综合费用的支出。

　　(2) 企业偿债能力分析。偿债能力是指企业偿还各种到期债务的能力。通过偿债能力分析，可以揭示企业的财务风险。企业债权人、企业财务管理人员以及投资者都十分重视企业的偿债能力分析。下面从资产负债率及固定资产长期适配率进行企业偿债能力分析。

　　① 资产负债率。资产负债率是企业负债总额与资产总额的比率，反映企业资产总额中有多少是通过举债而得到的。一般来说这个比率越高，企业偿还债务的能力越差；反之，偿还债务的能力越强，如表 7-7 所示。

表 7-7　A 组历年资产负债表　　　　　　　单位：百万元

项目	第 1 年	第 2 年	第 3 年	第 4 年	第 5 年	第 6 年
负债	120	130	150	178	147	73
资产	190	170	172	208	194	168
资产负债率	0.63	0.76	0.87	0.86	0.76	0.43

　　② 固定资产长期适配率。因为固定资产建设周期长，固定资产的构建应该使用还债能力较小的长期贷款和股东权益，所以这个指标应该小于 1。如果用短期贷款来构建固定资产，由于短期内不能实现产品销售而带来现金回流，势必造成还款压力，如表 7-8 所示。

表 7-8　A 组历年固定资产长期适配率　　　　　　单位：百万元

项目	第 1 年	第 2 年	第 3 年	第 4 年	第 5 年	第 6 年
固定资产	89	119	71	115	103	113
长期负债	100	130	130	130	60	30
所有者权益	70	40	22	30	47	95
固定资产长期适配率	0.52	0.70	0.47	0.72	0.96	0.90

从表 7-7、表 7-8 和图 7-2 可以看出，A 组资产负债率第 1～3 年处于缓慢上升趋势，第 4～6 年开始下降，而且下降速度逐渐变快，从最高的 0.87 下降到 0.43，后期财务风险控制能力提高。固定资产长期适配率是先增后降再增再降，呈波浪状，最高为 0.96，固定资产投资力度较大，流动资产压力较大，固定资产长期适配率最低为 0.47，说明 A 组经营团队长短资金安排不够协调稳定，会出现资金断流现象。

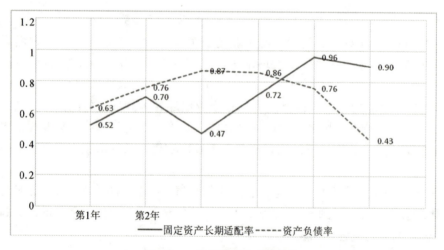

图 7-2　A 组偿债能力变化趋势

A 组固定资产投资不太合理，固定资产长期适配率波动起伏较大，究其原因是 A 组采取一次性长贷较大，固定资产投资均衡性、稳定性较差。

A 组的资金运作情况，前三年不太合理，资产负债率一直在上升，不过中期上升速率变慢，从第 4 年开始下降，而且下降速率有加快的趋势，说明该团队后期管理控制财务风险能力提高。

(3) 企业成长能力分析。成长率表示企业是否具有成长的潜力，即持续盈利的能力。成长率指标由三个反映企业经营成果增长变化的指标组成：销售收入成长率、利润成长率和净资产成长率。

① 销售收入成长率。这是衡量产品销售收入增长的比率指标，以衡量经营业绩的提高程度，如表 7-9 所示。

② 利润成长率。这是衡量利润增长的比率指标，以衡量经营效果的提高程度，如表 7-10 所示。

表 7-9 A 组销售收入成长率 单位：百万元

项目	第 1 年	第 2 年	第 3 年	第 4 年	第 5 年	第 6 年
本期销售收入	34	23	83	126	150	261
上期销售收入	36	34	23	83	126	150
销售收入成长率	−0.06	−0.32	2.61	0.52	0.19	0.74

表 7-10 A 组利润成长率 单位：百万元

项目	第 1 年	第 2 年	第 4 年	第 5 年	第 6 年
本期利润	−12	−30	8	25	71
上期利润	9	−12	−18	8	25
利润成长率	−2.33	1.50	−1.44	2.13	1.84

③ 净资产成长率。这是衡量净资产增长的比率指标，以衡量股东权益提高的程度。对于投资者来说，这个指标非常重要，它反映了净资产的增长速度，如表 7-11 所示。

表 7-11 A 组净资产成长率 单位：百万元

项目	第 1 年	第 2 年	第 3 年	第 4 年	第 5 年	第 6 年
本期净资产	70	40	22	30	47	95
上期净资产	82	70	40	22	30	47
净资产成长率	−0.15	−0.43	−0.45	0.36	0.57	1.02

从表 7-9～表 7-11 和图 7-3 中可以看出，A 组净资产成长率从第 1～3 年处于下降的趋势，出现了公司净资产负增长的情况，在第 3 年开始回升，并逐渐回到正值。利润成长率与销售成长率的变化趋势是同向的，利润成长率滞后于销售成长率，在第 1～4 年期间，先上升后快速下降，此后回升趋稳，最终达到了新的高度。

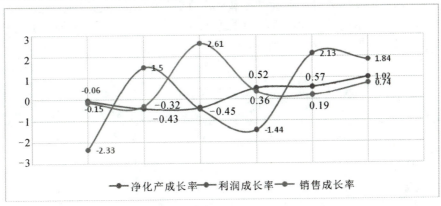

图 7-3 A 组成长能力变化趋势

A 组净资产成长率、利润成长率、销售成长率的回升与销售额的增长是密切相关的，公司管理层应该注重主营业务收入，那才是公司的根本所在。

(4) 公司营运能力分析。营运能力分析是指企业对其有限资源的配置和利用能力。从价值的角度看，就是企业资金的利用效果，反映了企业的资金周转状况，对此进行分析可以了解企业营业状况及经营管理水平。

① 总资产周转率。总资产周转率也称总资产利用率，是企业销售收入与资产平均总额的比率，如表 7-12 所示。

表 7-12　A 组历年总资产周转率　　　　　　单位：百万元

项目	第 1 年	第 2 年	第 3 年	第 4 年	第 5 年	第 6 年
当期销售收入	34	23	83	126	150	261
期初资产总额	105	190	170	172	208	194
期末资产总额	190	170	172	208	194	168
总资产周转率	0.23	0.13	0.49	0.66	0.75	1.44

② 应收账款周转率。应收账款周转率，又称收账比率，是指在一定期限内，一定量的应收账款资金循环周转的次数或循环一次所需要的天数，是衡量应收账款变现速度的一个重要指标，如表 7-13 所示。

表 7-13　A 组历年应收账款周转率　　　　　　单位：百万元

项目	第 1 年	第 2 年	第 3 年	第 4 年	第 5 年	第 6 年
当期销售收入	34	23	83	126	150	261
期初应收账款	0	0	23	72	37	0
期末应收账款	0	23	72	37	0	36
应收账款周转率		2	1.75	2.31	8.11	14.50

③ 存货周转率。存货周转率是指企业一定时期内一定数量的存货所占资金循环周转次数或循环一次所需要的天数。存货周转率反映的是存货资金与它周转所完成的销货成本之间的比率，这是一组衡量企业销售能力强弱和存货是否过量的重要指标，是分析企业流动资产效率的又一依据，如表 7-14 所示。

表 7-14　A 组历年存货周转率　　　　　　单位：百万元

项目	第 1 年	第 2 年	第 3 年	第 4 年	第 5 年	第 6 年
当期直接成本	14	10	34	62	68	131
期初产成品	6	2	4	14	32	43
期末产成品	2	4	14	32	43	9
存货周转率	3.50	3.33	3.78	2.70	1.81	5.04

④ 流动资产周转率。流动资产周转率指一定财务期限内一定数量的流动资产价值（流动资金）周转次数或完成一次周转所需要的天数，反映的是企业全部流动资产价值（全部流动资金）的周转速度，如表 7-15 所示。

表 7-15 A组历年流动资产周转率　　　　　　　　　　单位：百万元

项目	第 1 年	第 2 年	第 3 年	第 4 年	第 5 年	第 6 年
当期销售收入	34	23	83	126	150	261
期初流动资产	58	101	51	101	93	91
期末流动资产	101	51	101	93	91	55
流动资产周转率	0.43	0.30	1.09	1.30	1.63	3.58

从表 7-12 ~ 表 7-15 和图 7-4 可以看出，A组总资产周转率、流动资产周转率、存货周转率变化趋势相似，总体趋势是先抑后扬。其中存货周转率高于总资产周转率和流动资产周转率，周转较快，说明企业的销售效率高、库存积压低，运营资本中存货占比相对较小，这样可以提高企业的经济效益，只有第 5 年是整个 6 年中存货周转率最低的一年，分析得知当年订单量偏少，产能过剩。

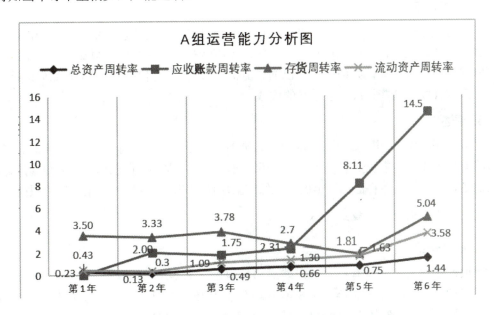

图 7-4 A组营运能力指标变化趋势

数据显示，A组经营中应收账款周转率后期越来越快，直接反映出该企业收账速度较快，坏账出现概率小；流动资产的流动性越好，短期偿债能力越强。该小组流动资产周转率前几年较慢，说明流动资产利用效果不够理想，只有后两年比较合理。

A组总资产的周转总体情况是较好的，企业利用资产进行经营的效率在逐年提高，其原因与销售收入的稳步增加是分不开的，销售收入的增加使公司经营的效率越来越高。

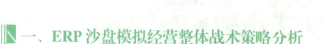

任务四　实战方案策略分析

一、ERP 沙盘模拟经营整体战术策略分析

俗话说，凡事预则立，不预则废；未曾画竹，而已成竹在胸！同样，做 ERP 沙盘模拟前，也要有一整套策略成形于心，方能使模拟企业临危不乱，镇定自若，在变幻的模拟对抗训练中取得好成绩。

（一）力压群雄——霸王策略

1. 策略介绍

在经营初期，筹到大量资金用于扩大产能，保证产能第一，以高广告策略夺取本地市场老大的地位，并随着产品开发的节奏，成功实现 P1 向 P2、P2 向 P3 的主流产品过渡。在竞争中始终保持主流产品销售量和综合销售量第一。后期用高广告策略争夺主导产品的最高价市场老大的地位，保持权益最高，战胜对手，赢得胜利。

2. 运作要点

运作好此策略关键有两点：一是资本运作，使自己有充足的资金用于扩大产能，并能抵御强大的还款压力，使资金运转正常，所以此策略对财务总监要求很高。二是精确的产能测算与生产成本预算，如何安排自己的产能扩大节奏？如何实现零库存？如何进行产品组合与市场开发？这些将决定着最终的成败。

3. 评述

采取霸王策略的团队要有相当的魄力，要有当年西楚霸王项羽敢于破釜沉舟的气势。此策略的劣势在于如果资金或广告在某一环节出现失误，则会使自己陷入十分艰难的处境，过大的还款压力，可能将自己压至破产，像霸王那样自刎乌江，所以此策略风险很高。

（二）忍辱负重——越王策略

1. 策略介绍

采取此策略者通常是有很大的产能潜力，但由于期初广告运作失误，导致权益过低，处于劣势地位。所以在第 2 年、第 3 年不得不靠 P1 维持生计，延缓产品开发计划，或进行 P2 产品开发，积蓄力量，度过危险期。在第 4 年时，突然推出 P3 或 P4 产品，配以精确广告策略，出其不意地攻占对手们的薄弱市场！在对手忙于应对时，自己早已把 P3、P4 的最高价市场把持在手，并抓住不放，可以赢得最后胜利。

2. 运作要点

此策略制胜关键点在于广告运作和现金测算，因为要采取精确广告策略，所以一定要仔细分析对手情况，找到其在市场中的薄弱环节，以最小的代价夺得市场，减少成本。然后是现金测算，因为要出奇招（P3 或 P4），但这些产品对现金要求很高，所以现金测算必须准确，否则容易导致现金断流，甚至完不成订单，遭受罚款，那将前功尽弃，功亏一篑。

3. 评述

越王策略不是一种主动的策略，多半是在不利的情况下采取的，所以团队成员要有很强的忍耐力与决断力，不要为眼前一时的困境所压倒，节约开支，降低成本，先图生存，再想夺取市场。

（三） 见风使舵——渔翁策略

1. 策略介绍

当市场上有两家实力相当的企业争夺第一时，渔翁策略就可以派上用场了。首先在产能上要努力跟随前两者的开发节奏，同时内部努力降低成本，在每次开辟新市场时均采用低广告策略，规避风险，稳健经营，在双方两败俱伤时立即占领市场。

2. 运作要点

此策略的关键：第一，在于一个稳字，即经营过程中一切按部就班，广告投入、产能扩大都循序渐进，逐步实现，稳扎稳打。第二，要利用好时机，因为时机是稍纵即逝的，一定要仔细分析对手。

3. 评述

渔翁策略在模拟比赛中较常见，但要成功一定要做好充分准备，只有这样才能在机会来临时，抓住机会，使对手无法超越。

二、ERP 沙盘模拟企业经营运作策略分析

在经营模拟实战训练中，从大的方面来看，经营团队应该用一种战略的眼光去看待业务的决策和运营，根据产品的需求预测做出正确而有效的企业运营决策。然后在资金预算允许的范围内，在合适的时间开发新产品，提高公司的市场地位。在此基础上，开发本地市场以外的新市场，进一步拓展市场领域；扩大生产规模，采用现代化生产手段，努力提高生产效率。另外，模拟经营团队成员要各尽其责，正确编制资金预算表、生产计划和物料需求计划表，准确及时填写现金流量表，为企业的模拟运营做出正确的排程，这样才能使企业获得更好的经济效益。

从小的方面来看，每组中必须指定一个人负责任务清单的核查，每步都需要每个成员集中精力去听、去做，不能出一点差错。否则，会直接导致本年的报表不平或是下一年的任务混乱。每年的企业运营过程中，以下几点至关重要。

（一） 广告

每年初打广告时，要注意上年末的留存现金，要保证足以支付下年的广告费，如若不够，则要立即贴现，留够下年的广告费，再做报表。

第一年投广告费时，一定要做本地市场老大，而在以后几年市场竞争激烈时，至少要保住一个市场老大的地位。另外，要弄清楚根据广告选单的规则，营销总监只能根据市场预测一次性地投入广告费，这就从根本上给营销总监打广告增加了一定难度，需要更好地预测及推测市场情况。

在接下来几年的运营中，广告费至关重要，一定不可马虎。只有广告做好了，才能保证拿好订单，否则，即使企业的生产能力再强，如果订单没拿够，那么生产出的产品积压卖不出去就造成资金周转困难。如果订单拿多了，而产品不够，为避免违约无法交货，如果允许组建交易，就应及时考虑到其他企业进行组建交易，以确保企业的正常运行与稳步发展；如果不允许组建交易，就只有高价紧急购买产品，多支出部分计入营业外支出。

（二）登记销售订单

一是要认真，细心。二是每种产品的直接成本一定要计算清楚，不能混淆。否则，将直接影响计算毛利及净利润，从而导致报表不平。

（三）有关长期贷款、短期贷款、高利贷

如果企业在第一年的第一季度短贷，则要在第二年的第一季度还本付息，如果所有者权益允许，则还可续借短贷，但要支付利息。在企业能力允许的情况下，短贷也可提前还款，同时支付利息。

企业要充分利用短贷的灵活性，根据企业资金的需要，分期短贷，这样可以减轻企业的还款压力。无论长贷还是短贷，在每次还款时，都要先看贷款额度。申请贷款时，要注意授信额度和贷款利率，长短贷一定要分开计算。长贷短期内还款压力小，短贷灵活但还款压力大，可以采用举新债还旧债，缓解短期内还款压力。在万不得已的情况下，可以用高利贷进行融资。

（四）原材料入库及下原材料订单

规则中规定，原材料采购需提前下达采购订单，而只要下了订单，就必须按时购买入库。所以采购经理和运营总监一定要根据 CEO 的决策，提前预算出每季度每种材料下订单的个数及入库产品的种类和个数。

（五）产品研发投资

一个好的企业不会局限于生产单一的产品，这样的企业是不会长久的。越是有实力的企业，它推出的产品在市场划分中就越细，而没有远见的企业一般只会去做一种产品，所以说在"产品研发投资"上，我们应在预算允许的前提下开发多种产品，从而提高企业的市场地位，为公司的长远发展做打算。

（六）新市场开拓投资和 ISO 资格认证投资

这里要注意的是，ISO 资格认证投资只针对市场不针对产品，而且都是在年末支付。市场开拓和 ISO 资格认证的时间、资金安排必须合理，按照经营计划进度稳步推进，既不能过早占用资金，使资金沉淀，又不能较晚投资，拿不到价高的具有 ISO 资格认证要求的客户订单，错失发展良机。

三、ERP 沙盘模拟经营战略分析

（一）构建战略思维

沙盘模拟培训的设计思路充分体现了企业发展必然遵循的历史与逻辑的关系，从企业的诞生到企业的发展壮大都取决于战略的设定。要求管理团队必须在谋求当期的现实利益基础之上作出为将来发展负责的决策。通过模拟经营实训，可以让学员深刻体会到企业经营现实与未来发展的因果关系，体会到管理者必须要承担的历史责任，要有运用长期的战略思想制定和评价企业决策的素质，要有诚信的职业操守。

（二）构建群体战略决策

一个组织是否成熟，明显的标志就是看它有没有能力形成并运用组织的智慧，沟通、协作和群体意识在未来企业竞争中的作用越来越被关注。企业更是迫切需要走出独断决策的传统误区，特殊资源构建竞争优势的老路已经走到了尽头，企业的竞争越来越趋向于组织整体智慧的较量。

ERP沙盘模拟企业经营成绩是按照总积分来排名次的，总积分 = 所有者权益 × (1+ 企业综合发展潜力系数)。最后的评分方法虽说是各种其他资源状况的权重再乘以所有者权益，但其他资源只起到了锦上添花的作用，能不能得高分还是要看所有者权益够不够多，所以选用什么样的战略，判断标准只有一个——所有者权益，如果有小组盈利就一定有小组亏损，某组赚到 100M 以上，其他小组基本上就没有机会追上该组了。所以战略的出发点就是这个游戏的规则，一定要吃透规则，最大限度地利用规则。比如说计提折旧，如果第 1 年要上柔性生产线 (安装周期为 4Q)，什么时候开始生产线投资？假设用这条生产线生产的产品的开发周期是 6Q，如果选择第 1 年第一季度就投资，就会有 2Q 时间闲置，生产线设备还要多提一年的折旧。这样的生产线要分成两年投，在第 1 年 Q3 投，到第 2 年 Q3 开始用，第 2 年还是在建工程，不提折旧，这样就少提了一年的折旧，而且因为第 1 年能赚的钱有限，拿到最大单毛利才 22M，所以第 1 年应该尽量减少支出，把折旧往后推延几年，同时采取举借长期贷款，为前三年的现金流做保证，也是为了防止以后几年权益越来越少，授信额度减小，举债困难，60M 应该是比较稳健的。短期贷款不建议多用，因为按照规则规定的顺序，要是期期都有短期贷款，是必须先还才能再借的，也就是要求每期的现金流都要保证在 20 M 以上，这实际上是一种负担，要借也最好避开年初和年末的两期，更不要一期就借 40 M，这样容易造成现金断流。

财务方面，现金流是无论如何都不能断的，但小投入只有小回报，高投入高风险回报也高，团队要有胆识和智慧，CEO 要具有胆大心细的素质，高利润是靠高销售收入赚来的不是省出来的。CFO 可以想方设法进行融资，盘活资产、加快资金周转、在资金紧张时可以用厂房这种沉积资产进行融资，只要能赢得市场，就可以扩大生产经营规模、建设生产线，多生产产品、多研发产品、多开拓市场，赚足资金再把厂房赎回来。

市场预测：首先分析最大订单分布情况，数量应是市场总量的1/3，第二大单比最大单数量一般少 2 个。其次分析具有 ISO 资格认证要求的订单，第 4 年有这个要求的订单数量为 1～2 个，第 5 年为总订单数的 1/2 左右，第 6 年就占到了 80%，所以这两个 ISO 资格认证很重要，可以早点进行资格认证投资，这样可以拿到价高利丰的 ISO 订单。

分析总结出每种产品每年每个市场最大订单数量及毛利的情况，可以做多产品单市场战略，不要做单产品多市场战略，因为"市场老大"这个规则非常有影响力。第 1 年要多打广告，一定要抢下本地市场老大的位置，因为本地市场无论是什么产品价格都很高，与它一样的还有亚洲市场，这两个市场对于 P2 和 P3 来说更是如此，数量大、价格高，争取市场第一才有保证。P1 价格逐渐走低，后期只有一个国际市场有的赚，而 P2 和 P3 才是盈利的主要产品，后期主要关注 P3，利润空间很大，而 P4 发展空间太小，费用还高，可以不研发。第 2 年就要研发生产出 P2 和 P3，科学合理安排这两个主打产品的生产线建设。

生产安排：根据各种生产线对各产品的投资回收期，P1 全自动生产线投资回收期最短，接近三年时间；P2 半自动和全自动生产线投资回收期最短，均不到一年半；P3 全自动生产线投资回收期最短，半自动生产线次之，均在一年半至两年；P4 全自动生产线投资回收期最短，半自动次之，均在一年半至两年。

综合对比分析，按投资收益率来看，全自动生产线的投入产出比是最好的，效率最高，是生产线投资的较好选择。

模拟运营实训中，"决策是民主的，执行是独断的"，我们不能在执行时拖延，"正确决策需要强硬的执行力"，所以要求模拟团队的总监在决策时发挥自己的智慧，根据决策执行。

ERP 沙盘模拟企业经营对抗训练的环境参数是在不断变化的，没有绝对的数学模型可以照搬照套，只有研究透彻运营规则，有了明确的思路和经营中心目标，才能在千变万化的规则下赢得好成绩。

小小沙盘蕴含了每个团队成员集体和个人的智慧，同时也贯穿了我们学习中的"财务管理""企业战略管理""生产运作管理""市场营销""市场调查与预测"等课程知识，真正能使我们将知识运用于实践过程中。

复 习 思 考 题

1. 经过几年的经营，你觉得你的企业在哪些方面还存在不足？
2. 未来几年，你觉得你的企业应在哪些方面有所改进？
3. 经过几年的经营，你的哪些知识得到了应用？你还要学习哪些新知识？
4. 你的哪些能力存在不足，哪些能力需要加强？

项目八　总结与反思

 学习目标

通过学习 ERP 沙盘模拟总结的内容和编写方法、成绩考核和评价方法，对 ERP 沙盘模拟实践的成果及时进行归纳总结，这是 ERP 沙盘模拟实践教学与学习过程中不可缺少的重要环节。

任务一　ERP沙盘模拟实践总结报告

ERP 沙盘模拟实践课程的最后一个步骤就是撰写总结报告。总结报告是对经验的书面总结，其目的在于让学生将参与 ERP 沙盘模拟实践课程的实战经验及心得体会记录下来，进一步加深学生对 ERP 的理解。

一、ERP 沙盘模拟实践总结的意义

通过 ERP 沙盘模拟实践的总结报告的撰写可以培养和提高学生的逻辑思维能力和书面表达能力，培养学生分析和综合、演绎和推理、归纳和总结等方面的综合能力，同时也可以帮助学生培养良好的学习习惯。因此，这既是 ERP 沙盘模拟实践过程中的一个不可缺少的环节，也是有益于学生能力提高的一个非常有益的工作，需要学生认真对待，努力配合教师的安排，高质量地完成 ERP 沙盘模拟实践的总结报告。

（一）ERP 沙盘模拟实践总结的必要性

俗话说"好脑筋不如烂笔头"，及时地总结和记录，有助于我们在繁多的操作步骤和巨大的信息量中筛选和提炼出模拟实验的方法和规律。

(1) 沙盘模拟实践过程复杂、步骤多、信息量大。整个沙盘模拟实践过程中，学生要熟悉并从事企业采购、生产、经营及销售各个环节的流程，根据企业事先制定的发展战略，制定并实施每一期的广告决策、市场决策、研发决策、资金资本决策及采购生产决策。过程中的每个环节的决策都具有复杂、抽象性的特点，是通过筛选和分析多种相关条件后制定并实施的，都包含着巨大的信息量。

(2) 沙盘模拟实践过程时间紧，任务重，紧凑性强。ERP 沙盘模拟实践课程以 ERP 沙

盘的方式模拟企业的商务运作，将企业结构和管理的操作全部展示在沙盘上，把复杂、抽象的经营管理理论以最直观的方式让学生体验、学习，在短短的时间内模拟企业6年的全面经营管理，时间十分紧张，各个步骤都是环环相扣的，若不及时总结，学生的体会、收获和灵感转瞬即逝，试验的效果也将会大打折扣。

（二） ERP 沙盘模拟实践总结的重要性

ERP 沙盘模拟实践课程以完整生动的视觉感受将极为有效地激发学生的学习兴趣，增强学生学习能力。对该课程的总结能加深对企业管理和 ERP 原理的理解与领悟，提高自己的业务技能，培养自己的合作意识，获得最佳的学习体验。

(1) 对于学习者个人的意义。ERP 沙盘模拟实践训练完全不同于传统的课堂灌输授课方式，它是通过直观的企业经营沙盘来模拟企业运行状况，让学生在分析市场、制定战略、组织生产、整体营销和财务结算等一系列活动中体会企业经营运作的全过程。ERP 沙盘模拟实践使学生形象地认识到企业资源的有限性，从而深刻理解 ERP 的管理思想，领悟科学的管理规律，提升管理的能力。

(2) 对于实训团队的意义。ERP 沙盘模拟实践课程最大的特点是"在参与中学习"。学生的学习过程接近企业现状，在短短时间的训练中，会遇到企业经营中经常出现的各种典型问题。学生必须和大家一起去寻找市场机会，分析规律，制定策略，实施全面管理。在各种决策的过程中，每位学生与本团队的队员们一起体验成功和失败，学习管理知识，掌握管理技巧，提高管理素质，在管理实践的过程中，学习、实践并提高自己的沟通交流与协作关系，培养学生们的集体精神与团队意识，加深学生之间的友谊。在谈到这个问题时，一位学生曾在其感言中写道："整个沙盘模拟实践课程是学生们一同演练沙盘、一同学习软件、一同讨论和解决问题、一同为公司的发展出谋划策的过程。学生们通过互相帮助、互相支持走过整个艰难的探索道路，一同分担忧愁，一同为团队的命运担忧。这些共同经历虽不能与人生的坎坷相比，但也将是团队成员的美好回忆。一个学期的沙盘演练，使我意识到在团队中，团队意识和合作精神是如此重要，这也恰恰是社会对我们刚毕业的大学生的基本要求。虽然我们也有不少方式广交好友，但我想没有哪种方式能够让彼此在短时间内产生如此深厚的友谊……"

（三） ERP 沙盘模拟实践成绩的评价

在 ERP 沙盘模拟实践中，学生们通过实践竞争都取得了相应的成绩。但这个成绩只代表了过去，只代表在这一特定场合的水平发挥，并不一定代表了自己的真实水平，更不能代表将来。所以 ERP 沙盘模拟实践课程特别安排了"总结"这个教学环节，一方面充分展现自己的水平，更重要的是通过总结，归纳成绩、发现问题，明确下一步努力的方向。因此，学生总结是否实现了上述目的，将是 ERP 沙盘模拟实践课程成绩的重要方面。

二、ERP 沙盘模拟实践总结的内容

ERP 沙盘模拟实践总结的过程是系统地分析与归纳课程当中的成功经验与失败教训的过程，是整个课程步骤环节与知识理论的再现。总结的内容则不仅是沙盘模拟实践过程的成败得失，更要与理论、实际相联系，才能取得更大的收获。ERP 沙盘模拟实践总结要撰写 ERP 沙盘模拟实践的书面总结报告。ERP 沙盘模拟实践的书面总结报告一般在学习团

队及全班讨论结束后开始撰写，本身包括了集体的智慧。在撰写 ERP 沙盘模拟实践的总结报告时，应当允许同一学习团队的成员使用团队共同准备的图表资料和分析结论，但总结报告的正文部分仍然必须由个人独立撰写，严格禁止互相抄袭。

ERP 沙盘模拟实践总结的内容主要有整体战略、产品研发、市场营销与销售、财务管理、团队合作与沟通等方面。

（一）整体战略方面的总结

战略是对企业全局的总体谋划；战略是对企业未来的长期谋划；战略是在对企业外部环境和内部环境深入分析及准确判断的基础上形成的；战略对企业具有决定性的影响；战略的本质在于创造和变革，以及创造和维持企业的竞争优势。战略方面的内容主要分为两个层面。

1. 对企业长、中、短期策略的制定

每个企业的初始状态是相同的，给定的企业资源（包含的范围很广，既包括厂房、设备、物料，还包括人力资源、资金、市场、信息，甚至包括企业上下游的供应商和客户）也是相同的，企业的目标可以说是在资源给定的情况下，追求尽可能大的产出。从外延上来看是追求利润，本质是资源的合理利用。在充分分析企业资源及市场信息的基础上，应从以下几个方面总结制定企业的战略规划：

(1) 市场主导型与产能主导型。市场主导型与产能主导型是沙盘模拟实践中较为普遍采用的两种战略路线。但在仅进行 6 期的沙盘模拟实践课程中，由于受各种规则和假设的限制，企业产能的大小却成为能否扩大市场份额从而占领市场的决定性因素，以产定销的模式体现出较好的比赛成绩。因此，分析、选择和制定企业的主导类型是企业确定市场和产品开发策略的前提，是企业战略首先要考虑的基本问题，这方面的问题也就成了学生们首先总结的问题。

(2) 固定资产投资的战略。由于固定资产投资的数额特别巨大，收益期比较长，风险较高，因此，固定资产投资的决策也就成为企业战略最重要的部分之一。固定资产投资的合理性决定了企业发展的成长性，这往往是企业成败的关键点。企业要想发展、扩大规模、扩大产能，必须通过固定资产投资、提高产能来实现。固定资产投资战略主要考虑的内容是在何时出多少钱购置或租用什么资产，因此学生们需要总结以下三个方面：第一，如何尽可能保证满足销售计划需要或是尽早地达到预计的产能规模，包括生产线及厂房如何获得；第二，如何做好财务规划，保证企业有充足的现金作为支持，不能因固定资产投资而使企业现金链断裂，防范和规避企业破产的风险；第三，如何选择性价比较高的资产进行投资，充分计算考虑设备及厂房的各项指数，每项资产的特性，及总共 6 年的投资经营期，合理及时地更新资产。每一个部门都要统一理解公司的战略路线，并在战略路线的指导下，在 6 年决策中合理分配部门资源。生产和人力资源部门要根据战略路线配比各期的产能，营销部门要根据战略路线确定各期市场竞争思路，财务部门则要根据战略路线调节和平衡各期现金流量等。因此在总结中也要分析战略的落实与执行情况。战略思考是要落实到具体每个部门的。这不仅是一个从战略到策略的概念，更重要的理解是，战略决策直接落实到职能部门，使职能部门的各期决策都能从不同的方面反映出公司战略。

2. 对市场趋势的预测和对既定战略的调整

沙盘模拟实践的过程中，企业所面对的是一个不断变化的市场和一个不断变化的竞争环境，预测市场和调整战略也应该是企业每一期首先面临的任务，因此对这方面的总结也就显得尤为重要。

(1) 市场预测的总结。市场预测的总结分为以下几个方面：第一，市场是通过哪些因素分析预测出的，有哪些方法与技巧；第二，市场预测是否准确，可以总结出哪些经验和教训；第三，怎样把市场预测与企业战略相结合，预测结果对战略有哪些影响。

(2) 战略调整的总结。环境变动的经常性使得战略的作用必须以变制变。这种以变制变的结果表现为：当环境出现较小变动时，一切行动必须依战略行事，体现战略对行动的指导性；当环境出现较大变动并影响全局时，经营战略必须做出调整，财务战略也随之调整。战略调整主要从以下几个方面进行总结：第一，在模拟实践过程中调整了哪些战略，怎样调整的；第二，战略调整的原因是什么，哪些因素可以影响战略，怎样影响；第三，对战略的调整是否必要，调整方法是否正确。

（二）市场营销与销售方面的总结

企业的生存和发展离不开市场这个大环境。市场是企业营销的场所，也是企业进行产品销售的对象，市场标志着企业的竞争潜力。市场是瞬息万变的，变化增加了竞争的实践性与复杂性。谁赢得了市场，谁就赢得了竞争。市场营销与销售方面的总结主要有以下内容：

(1) 市场预测及开发决策。市场预测是指对市场趋势的判断。对市场趋势的把握是公司战略制定和实施的重要前提。市场趋势分为区域性趋势和时间序列趋势。区域性趋势是指由地域的变化所带来的市场整体需求量的发展趋势，主要体现为宏观性的趋势，包括本地、区域、国内、亚洲及国际五个市场所需的产品结构及数量各不相同。对其的分析主要是根据有关的专业情报进行判断。产品的需求数量和价格是存在时间性差异的，每一种产品的需求数量和价格都不是一成不变的，随着时间的推移都会出现最高值与最低值，存在很大不同。这就是产品需求的时间序列趋势。市场预测要对两项趋势进行整合，计算分析比较得出市场及产品在各个时期总销售额和市场需求额的排序，确定各个市场开发、维护和退出的时间。通过以上分析，这部分内容需要总结的是：计算和分析各个市场的开发和维护费用与在这个市场赚得的毛利比率，分析总结市场开发时间和效率的合理性。

(2) 在市场中投标竞价的效率。市场中投标竞价的效率主要通过广告投入产出分析和市场占有率分析两个方面说明。广告投入产出分析可以发现本企业与竞争对手在广告投入策略上的差距，是营销总监深入分析竞争对手、寻求节约营销成本、制定取胜策略的突破口。而市场占有率说明了企业在市场中销售产品的能力和获取利润的能力。总结中应着重分析每一期本企业的广告投入和产出比率，对比同行业竞争对手的策略，总结本企业在市场营销方面的策略是否得当。

（三）产品研发方面的总结

产品研发是一个企业生存与发展的基础，它是指产品研发企业根据宏观经济环境与企业自身的条件，将企业内外的资源有效地整合与利用，研发出具有核心、形式与延伸诸要素有机结合的产品的全过程。沙盘模拟实践课程中只有 P2、P3、P4 三种产品可供研发，其研发周期相同，但研发费有较大区别。总结产品研发方面的主要内容有以下几个方面：

(1) 企业产品的研发是否与企业战略相一致，是否与市场预测相吻合，企业是否根据战略和市场的需要适当地选择了产品研发的种类。

(2) 企业的产品研发是否与企业的生产相同步，有无因过多超前或滞后于生产环节而导致过度占用资金或延误生产的现象。

(3) 所选择研发的产品是否有效率，该产品所赚取的利润是否高于其研发成本，这里的成本不仅是研发本身的费用，而且还包括研发费用所占用资金的机会成本。

(4) 是否因产品研发而导致企业资金链的断裂，如何控制和防范该风险，是否在必要时做出修改研发计划，甚至中断项目的决定。

（四）　财务管理方面的总结

财务方面在总结报告中无疑是最为重要的部分之一。财务既能够对整个企业的经营业绩和财务状况进行评价，同时财务分析对企业经营和投资过程中的决策又是至关重要的。在总结报告中财务方面可以具体从以下五点进行总结：

(1) 制订投资计划，评估应收账款金额与回收期。总结时要从投资计划的制订对财务的影响上入手，分析在沙盘模拟中本企业对把握资金流的长期规划的程度，预计现金的流入和流出的准确性如何，其投资回收期是否准确，资金是否出现战略上大的缺口等。投资计划是与一个企业的战略息息相关的。这里的投资既包括购置固定厂房、机器设备、原材料的采购，还包括市场拓展的广告费、新产品的研发费、各项认证费用。在财务上关注投资计划，主要动因是解决资金流的问题。从战略上，对企业的资金流进行长期的规划很重要，许多企业的破产就源自资金链的断裂。

(2) 预估长、短期资金需求，寻求资金来源。现金流量作为企业生存发展的"血液"，其对管理的重要作用是毋庸置疑的。资金是企业价值链的重要组成部分。保证"资金不断流"是企业生存的基本法则，也是企业财务的基本职能。在既定战略下，投资计划和回收期已定，那么资金需求就已知了。下一步财务上的任务就是寻找资金来源，这时资金来源就成为企业生存的一个至关重要的因素。要洞悉资金短缺前兆，以最佳方式筹措资金。总结的任务就在于深化学生对资金来源的预计和掌控。要总结模拟企业的资金具体来源于哪里，如何取得这些来源，其每个资金来源渠道能够筹集的资金额度是多少，在哪个时点上筹资，其代价又是多大。

(3) 掌握资金来源与用途，妥善控制成本。财务上有一条原则：绝不能用流动负债解决长期资金问题。资金的用途也应在财务规划与管理范围之内。模拟中的企业是制造性企业，其资金大多用在生产方面，如固定资产与厂房的购置、原材料的采购等，所以这还同时涉及生产上的成本控制问题。在总结时，要深入分析其资金的来源与用途是否匹配，是否存在滥用资金的现象。对生产过程中成本的控制也需要在总结中加以体现。

(4) 制定预算。预算能够通过对业务、资金、信息的整合，明确、适度的分权授权，战略驱动的业绩评价等，来实现资源合理配置、作业高度协同、战略有效贯彻、经管持续改善、价值稳定增加的目标。应用预算的优势在于：① 能够明确决策方案的优化程度；② 通过预算目标、实际业绩的比较，预算控制能使经理人随时了解预算主体范围内的企业实际业绩进展情况；③ 通过分析目标与实际的差异，揭示产生差异的原因；④ 能够反映原始预算的现实性与可行性，并由此决定是否修改原始预算，使之更有利于目标的科学与合理。总结要体现模拟中企业运用预算的情况。该企业的预算是如何制定出来的，参与制定及决策的主体有哪些，预算的执行情况如何，其结果如何，如果实际与预算之间的差异过大，原因在哪里等。

(5) 分析财务报表，运用财务指标进行管理决策。财务报表体现了一个企业的经营结果与财务状况。分析财务报表，总结当期经营成果与财务状况对下一期的经营与内部决策是十分有益的。借助一些重要的财务指标，如毛利率、资产负债率、存货周转率等，使用一些财务分析方法，如杜邦分析、五力分析、成本结构变化分析、产品盈利分析等，都能对企业决策和内部诊断提供帮助，在总结报告中应包括对这方面内容的应用情况。

（五） 生产与运作方面的总结

在以营利为最终目的企业中，收入和成本是最关键的考虑因素，而生产是企业中最核心的活动，也是最大的成本。生产虽然在一定程度上是按部就班地进行，但各种设备与其所生产的产品所形成的排列组合却给企业带来了很多的变化。在总结这一部分时，应关注以下几方面内容：

(1) 如何选择获取生产能力的方式。依照规则，企业的生产线及厂房可以通过购买或租赁两种方式取得，企业究竟采用哪一种方式，要根据企业战略及当时的财务状况进行适当选择，使资金得以高效率、高回报地利用。

(2) 如何决策设备更新与生产线改良。第一，在沙盘上共有手工、半自动、全自动及柔性四类生产线可供选择，四种生产线各具特点，价格也各不相同，如何选取一个最佳的生产线更新顺序及组合方式是应该首先计算决定的，使之匹配市场需求，保证交货期和数量，扩大设备产能。第二，生产线建设是有周期的，如何选择更新和新建生产线时间，使之与战略安排及产品研发同步，使其在 6 ～ 10 年的经营周期内尽量少地提取折旧，这些也是另一个总结的重要内容。第三，如何合理安排生产线所在厂房，使其所耗费的厂房成本最小，并在适当的时候出售设备，回笼部分资金，这些也是需要总结的方面。

(3) 如何做好全盘生产流程调度决策，安排库存管理及产销配合。第一，沙盘中共有P1、P2、P3 和 P4 四种产品，要充分利用手工、半自动、全自动及柔性四类生产线各自的优势，合理安排每种产品的产能，使各种产品的产能最大化并且其比例与销售基本吻合，使产成品的库存降到最小。第二，企业可以生产的产品需要在 R1、R2、R3 准备的图表资料和分析得出结论，但总结报告的正文部分仍然必须由个人独立撰写，严格禁止互相抄袭。

（六） 团队合作与沟通方面的总结

团队合作与沟通是 ERP 沙盘模拟课程的初衷之一。如何树立团队的共同目标，建立团队的组织机构，如何制定保障目标实现的决策机制与规章制度应作为这部分的总结内容。

(1) 实地学习如何在立场不同的各部门间沟通协调。ERP 沙盘模拟课程是互动的。当学生对模拟过程中产生的不同观点进行分析时，需要不停地进行对话，除了学习商业规则和财务语言外，还要增强互动技能，并学会如何以团队的方式工作。总结时应重点总结队员间沟通的形式与技巧，即如何把自己所掌握的信息与其他队员共享，如何通过沟通与协调获取自己所需要的信息。

(2) 培养不同部门人员的分工合作经营理念。6～10期的实践学习以及繁多的内容和复杂的步骤，没有良好的分工协作，很难做出合理周全的决策。对于如何分工则可以说是仁者见仁、智者见智，并不强调统一的分工模式，可以在学习和熟悉比赛规则阶段自行摸索，但可以肯定的是：分工是必需的。分工是合作的前提与基础，合作是分工的目的与保障。没有明确分工的队伍不可能有默契的合作，没有合作的队伍分工也是毫无意义的，比赛结果自然不甚理想。总结时一是要描述自己团队的分工情况，并阐述分工的依据及职责的范围；二是要分析分工的合理性与弊端，查找在合作时出现的问题。

(3) 建立以整体利益为导向的组织。一个团队要有明确的整体目标，一切以全队的整体利益为重，同时设立队规并严格执行。明确的目标才能支持队员在时间和精力上的投入。沙盘模拟有助于学生形成宏观规划、战略布局的思维模式。通过这一模拟，各层面学生对公司业务都会达成一致的理性及感性认识，形成共同的思维模式以及促进沟通的共同语言。

任务二　ERP沙盘模拟成绩考核与评价

ERP 沙盘模拟实践教学不仅是个人学习的过程，更重要的是，它还是一个集体学习的过程。为了反映 ERP 沙盘模拟实践教学集体学习的成果，必须采取一定的形式对 ERP 沙盘模拟实践教学集体学习的成果进行总结和成绩考核。本节主要学习 ERP 沙盘模拟成绩考核与评价等内容。

一、ERP 沙盘模拟实训成绩的评定

ERP 沙盘模拟实践教学集体学习的成果是全体师生共同努力的结果，也是集体智慧的结晶，因此，ERP 沙盘模拟实践教学质量的高低取决于全体同学的参与程度和贡献水平。总之，ERP 沙盘模拟实践教学不能离开集体。但是，在 ERP 沙盘模拟教学过程中，并非所有的学生都做出了等量贡献，每个学生在不同的课程或在不同的问题上，各有其兴趣爱好和知识专长，需要在教师的引导下扬长避短，同时更要注意取长补短，这样才能使个人的能力在 ERP 沙盘模拟实践教学的过程中得到训练和提高。这就需要教师及时掌握和全面考查学生的学习情况，实施 ERP 沙盘模拟教学的考试制度改革。ERP 沙盘模拟实践教学主要侧重学生全面素质和综合能力的考核，而不是局限于以分数衡量知识水平。

课程结束后，每个团队都会有一个实践成绩，但这个成绩并不能充分反映学生的真实

情况，有的团队虽破产了，但运营过程中，团队成员可能一直积极参与，而且积累了很多宝贵的经验。下面给出一种较为科学的成绩评定方式，即：

ERP 沙盘模拟实践课成绩 = ERP 沙盘模拟实战成绩 (40%) + 团队成员表现 (30%) + 实践总结 (30%)

ERP 沙盘模拟实战成绩：此课程把参加训练的学生分成 6 个团队，每个团队代表不同的虚拟公司，每个团队的成员分别担任公司中的重要职位首席执行官、财务总监、市场总监、生产总监、采购总监等)。6 个公司是同行业中的竞争对手，他们从先前的管理团队中接手同样的企业，大家要在模拟的 6 年中，在客户、市场、资源及利润等方面进行一番真正的较量。最后根据各企业的所有者权益、综合发展系数等对各个企业进行综合排名，这就是 ERP 沙盘模拟实战成绩。

二、ERP 沙盘模拟实战成绩评定

（一） "成绩评价"思考的逻辑框架

对沙盘各小组比较"公正"的评价应当考虑两方面的因素：

(1) "利润"肯定是一个关键因素。盈利的多少是各组沙盘经营综合决策的客观结果。但也有许多学习者在经营的最后一年结束时，将生产线全部卖掉，因此，增加的"额外收入"计入"利润"之中，从而使积分加大。此时若仅考虑"利润"就产生了偏颇。

(2) 综合考虑各企业的未来发展是另一个关键因素。企业的固定资产 (生产线、厂房等)、现金流状况 (应收款、应付款、当前现金)、市场份额 (总市场占有率、各个分市场占有率)、ISO 认证、产品研发等因素均应当综合考虑。

依据实践经验，对"积分评价"问题的思考框架如图 8-1 所示。

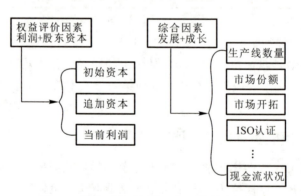

图 8-1　沙盘"积分评价"问题的思考框架

（二） 权益评价因素分析

沙盘中各企业的权益结构很简单，所有者权益 = 股东资本 + 利润。

(1) 利润是利润留存 (上年度未分配利润之和)。当然，利润越大，意味着"赚钱越多"。

(2) 股东资本是企业经营之初，是所有股东投入的资金。但在训练中，有些小组决策失误，导致"资不抵债" (权益为负) 且"现金资本断流"时，出于训练的"延续性"考虑，要对其进行"股东资本追加"。此时该小组股东资本 = 股东原始资本 + 追加股东资本。追加股东资本后，权益加入。此时如果还按照权益去计算"积分"，显然对未追加资本的小组是不公平的。

(3) 变卖生产线增加的"额外收入"，可以提高当年的"利润"，这样提高的"积分"属于"投机取巧"。

由以上分析可以看出仅仅依赖"权益"进行考评，确实存在"消极"和"不公正"因素。

（三）综合因素评价分析

对各小组的综合因素评价，主要考虑企业未来的发展潜力，此时评价的前提当然是如果下年继续经营，考虑企业已存在的各种有形资产和无形资产。

1. 生产线数量

生产线越多、越先进，企业未来的"产能"越大。

2. 自主厂房（已购买）数量

自主厂房越多，意味着企业固定资产规模大，未来生产经营中"租金"费用低，盈利能力强。

3. ISO 认证

ISO 认证可以认为是一种投资回报。未来有 ISO 认证需要的订单一般其"价格"和"应收款"期限都比较优惠，广告成本小，盈利能力强。

4. 市场开拓数量

市场开拓数量可以认为是一种投资回报。未来市场"宽广"，拿订单易于达到"最大可销售数量"，从而降低库存；而且可以更好地定位于价格高的市场，加快资金周转，降低广告费用，盈利能力强。

5. 产品研发种类

产品研发种类可以认为是一种投资回报。产品市场选择"宽广"，拿订单易于达到"最大可销售量"，从而降低库存；而且可以更好地定位于价格高、毛利大产品，加大"毛利率"，降低广告费用分摊比例，盈利能力强。

6. 市场销量

"销量最大"意味着在该市场占"主导地位"，可以认为是一种"优势"。在有"市场龙头"规则的情况下，可以降低广告费成本，盈利能力强。

7. 未借高利贷、未贴现

这方面体现的是运营过程中"现金流"控制得当，财务预算与执行能力较强，财务成本较低。这样对未来的财务费用控制能力也可以有较高的期望。

总成绩计算规则如下：

$$总成绩 = 所有者权益 \times (1 + \frac{企业综合发展潜力}{100})$$

企业综合发展潜力如表 8-1 所示。

表 8-1　企业综合发展潜力

序号	总　类	单项目	综合发展潜力系数
1	厂房（至少生产出一件产品）	大厂房	+15/ 每厂房
2		小厂房	+ 10 / 每厂房
3	生产线	手工	5 分 / 条
4		半自动	10 分 / 条
5		全自动 / 柔性	15 分 / 条
6	开发完成并形成销售的市场	区域	10 分
7		国内	15 分
8		亚洲	20 分
9		国际	25 分
10	研发完成并形成销售的产品	P2	5 分
11		P3	10 分
12		P4	15 分
13	完成管理体系认证	ISO 9000	10 分
14		ISO 14000	15 分
15	贷款	高利贷	每次 15 分
16	其他	—	—

三、团队成员表现成绩评定

团队成员表现：岗位分工明确，各司其职，制订计划，合作愉快，团队间公平竞争，各个企业的团结程度、每个成员的参与程度，以及各种表格如运营表、损益表、现金流量预算表、采购计划表、贷款登记表、资产负债表的填写等都列为企业成员的综合表现评价。

四、实践总结成绩评定

实践总结包括个人总结和团体总结。个人总结是课程结束后每个同学必须上交的一份实践报告，是对自己几天的体会、经验以及在实践中应用的理论知识进行的总结与归纳。团体总结就是以团队的形式上交的一份 PPT，在全班总结时各个企业要站在团队全局的角度上利用多媒体向全班同学边展示边讲解，这也是经验共享的一个过程，包括本企业的企业文化、成员构成、整体战略、广告策略、市场定位、企业运营得失等。

项 目 小 结

本项目引导学生对六年模拟企业经营进行归纳总结，撰写研究总结报告，进行小组成绩评定。

1. 总结报告提纲

ERP 沙盘模拟学习者总结报告提纲包括以下内容：

(1) 简要描述所在企业的经营状况；

(2) 分析所在企业成败的关键点及因素；

(3) 总结所担任角色的得与失；

(4) 提出对所在企业下一步发展的意见和建议。

学生也可以在 ERP 沙盘模拟学习的过程，不断地总结经验，形成自己的风格和特点。

2. 成绩计算 (见表 8-2)

表 8-2　成 绩 计 算

表 8-2		成绩计算		
序号	总类	单项目	综合发展潜力系数	得分
1	厂房 (至少生产出一件产品)	大厂房	＋15/ 每厂房	
2		小厂房	＋10/ 每厂房	
3	生产线	手工	5 分 / 条	
4		半自动	10 分 / 条	
5		全自动 / 柔性	15 分 / 条	
6	开发完成并形成销售的市场	区域	10 分	
7		国内	15 分	
8		亚洲	20 分	
9		国际	25 分	
10	研发完成并形成销售的产品	P2	5 分	
11		P3	10 分	
12		P4	15 分	
13	完成管理体系认证	ISO 9000	10 分	
14		ISO 14000	15 分	
15	贷款	高利贷	每次 15 分	
16	其他	—	—	
企业综合发展潜力				
总成绩				

参 考 文 献

[1]　汪清明. ERP原理与应用[M]. 北京：高等教育出版社，2010.

[2]　张瑞君. 计算机财务管理：财务建模方法与技术[M]. 北京：中国人民大学出版社，2010.

[3]　韩洁，陈明. ERP沙盘模拟实训教程[M]. 2版. 北京：化学工业出版社，2017.

[4]　童杰成，潘爱民. ERP沙盘模拟教程[M]. 江苏：中国矿业大学出版社，2017.

[5]　谢丹，贾利娜. ERP沙盘模拟实训教程[M]. 北京：科学出版社，2018.

[6]　刘勇. ERP沙盘模拟实训教程[M]. 3版. 北京：经济管理出版社，2018.

[7]　宋杰. 沙盘模拟企业经营实训[M]. 北京：首都师范大学出版社，2018.

[8]　陈智菘. ERP沙盘推演指导教程：新手工+商战+约创[M]. 北京：清华大学出版社，2019.

[9]　崔雷，陈开华，孟令春. 用友ERP沙盘：企业行为模拟实验教程[M]. 北京：中国轻工业出版社，2019.

[10]　刘平，邵亮. ERP沙盘实训手册：企业经营沙盘模拟实战对抗[M]. 2 版. 北京：清华大学出版社，2019.

[11]　张涛. 企业资源计划(ERP)原理与实践[M]. 3版. 北京：机械工业出版社，2020.

[12]　王新玲. 用友ERP供应链管理系统实验教程[M]. 2版. 北京：清华大学出版社，2020.